레전드
베트남어
현지회화
첫걸음

레전드
베트남어
현지**회화**
첫걸음

초판 1쇄 발행 2019년 3월 20일
초판 1쇄 인쇄 2019년 3월 11일

저자	주가연
감수	Nguyễn Thị Vân Anh
기획	김은경
편집	이지영·Jellyfish
디자인	IndigoBlue
성우	Nguyễn Thị Vân Anh·Nguyễn Tuấn Sơn
녹음	브릿지코드

발행인	조경아
발행처	**랭귀지북스**
주소	서울시 마포구 포은로2나길 31 벨라비스타 208호
전화	02.406.0047 **팩스** 02.406.0042
홈페이지	www.languagebooks.co.kr
이메일	languagebooks@hanmail.net
등록번호	101-90-85278 **등록일자** 2008년 7월 10일

ISBN	979-11-5635-095-8 (13730)
값	16,500원

ⓒLanguagebooks, 2019

레전드 베트남어 현지회화 첫걸음

Language Books

머리말

Xin chào! 씬 짜오!
안녕하세요!

베트남은 더 이상 낯설지 않은 나라입니다. 베트남 쌀국수와 분짜는
한국인들이 즐겨 먹는 음식이 되었고, 하노이, 호찌민, 다낭, 냐짱 등
매력적인 여행지를 찾는 관광객 수가 최근 폭발적으로 증가했습니다.
1992년 12월 22일, 한국과 베트남이 정식으로 수교를 맺은 이후
양국의 관계는 정치, 경제, 문화 등 모든 영역에 걸쳐 끊임없이 발전하고 있습니다.
이에 따라 베트남어에 대한 수요와 관심 또한 급격히 늘어나고 있습니다.

베트남어는 6개 성조와 다소 생소한 발음 때문에 처음에는 낯설고 어려울 수 있지만,
문법 체계가 비교적 단순하고 한자의 영향으로 인해 한국어와 비슷한 어휘가 많습니다.
배우면 배울수록 매력이 넘치는 언어라고 자부합니다.
이 책에서는 베트남에서 여행하거나 일상생활을 하면서 종종 마주칠 수 있는
상황들을 크게 8개 챕터로 나누었습니다. 자연스럽고 쉬운 회화로 구성하여
학습자들에게 진짜 필요한 내용을 담았습니다.

또한, 보고 바로 읽을 수 있도록 한글 발음을 표기하여
현지에서도 유용하게 활용할 수 있습니다.
학습 효과를 높이기 위해, 각 챕터를 3단계로 구성하였습니다.
1단계로 기본 회화를 공부하고, 2단계에서 응용 표현을 배운 후,
최종 3단계에서 연습 문제를 통해 내 실력이 어느 정도인지 확인하면
이 책 한 권으로 어느새 베트남어 능력자가 되어 있을 것입니다.
더불어 실제로 베트남을 여행하며 찍은 현장감 넘치는 사진과
직접 거주하면서 느끼고 배운 현지 최신 정보를 알차게 담았습니다.
이 책을 통해 독자분들이 베트남에 한 발짝 더 가깝게 다가가고
베트남 사람들과 더 자신감 있게 소통할 수 있기를 바랍니다.

끝으로 항상 아낌없는 응원과 지지를 보내주신 가족과 지인분들,
옆에서 많은 도움을 준 Vũ Thị Minh Huyền, 그리고 이 책이 출판될 수 있도록
지원해 주신 랭귀지북스에 감사의 인사말을 전합니다.
베트남어를 공부하는 모든 분들을 응원합니다.

Cố lên! 꼬 렌!
파이팅!

저자 주가연

목차

Chương 1 공항 Sân bay

Chương 2 호텔 Khách sạn

Chương 3 음식 & 음료 [Thức ăn & Đồ uống]

Chương 4 쇼핑 [Mua sắm]

Việt Nam   Việt Nam   Việt Nam

Việt Nam   Việt Nam   Việt Nam

Chương 5 **여행** Du lịch

Chương 6 **교통** Giao thông

Chương 7 친구 사귀기 & 어울리기 〔Làm quen & Giao tiếp〕

Chương 8 일상생활 〔Sinh hoạt thường ngày〕

이 책의 활용법

★ **사진으로 Việt Nam 엿보기**

간단하게 베트남을 둘러보는 코너입니다.
베트남 여행을 계획할 때 좋은 핵심 tip입니다.
현장에서 찍은 생생한 사진과 함께 베트남을 즐겨 보세요!

★ 사진으로 Việt Nam 엿보기

베트남에서 더위 식히는 방법

더운 날씨 때문일까요? 커피와 열대 과일의 천국이기 때문일까요?
베트남은 음료 종류가 다양해서 카페에 가면 고민이 됩니다.
더운 날씨에 지칠 때 시원한 음료 한잔하며 쉬어 가세요.

커피 cà phê 까 페

베트남은 세계적인 커피 생산국입니다. 덕분에
맛있는 커피를 저렴한 가격에 마실 수 있어요.
길거리 현지 커피부터 스타벅스 같은 글로벌
브랜드 카페까지 다양한 커피를 즐길 수 있습니다.
베트남 프랜차이즈 카페로는 Highlands 하이랜즈
Trung Nguyên 쭝 응우옌, Cộng cà phê 꽁 까 페
등이 있습니다. 달콤한 연유 커피로 여행의 피로를
풀어 보세요.

베트남에서 가장 대중적인 커피 메뉴
· 아이스 블랙커피 cà phê đen đá 까 페 덴 다
 (커피+설탕)
· 아이스 연유 커피 cà phê sữa đá 까 페 쓰어 다

과일 음료

생과일 주스와 과일에 연유, 설탕, 얼음을 함께
갈아 만드는 과일 스무디가 있어요. 두세 가지
과일을 섞어서 만들기도 합니다.

대표 생과일 주스 nước ép 느억 엡
· 오렌지 주스 nước cam 느억 깜
· 파인애플 주스 nước dứa 느억 즈어

대표 과일 스무디 sinh tố 씽 또
· 딸기 스무디 sinh tố dâu 씽 또 저우
· 망고 스무디 sinh tố xoài 씽 또 쏘아이

우리나라에서 쉽게 맛볼 수 없는 과일
· 커스터드 애플 mãng cầu 망 꺼우
· 사포딜라 hồng xiêm 홍 씨엠

50

💬 **유용한 현장 정보**

밀크티 trà sữa 짜 쓰어

요즘 베트남에서 인기가 아주 많은 음료입니다.
밀크티에 알갱이 모양의 타피오카 펄을 추가해서
먹는 버블티 trà sữa trân châu 짜 쓰어 쩐 쩌우를 찾은
사람들이 많이 찾습니다. 이를 증명하듯 베트남에는
밀크티 가게가 아주 많습니다.
Phúc Long 풀 롱, Boba pop 보바 팝, The alley
더 앨리, Ding tea 딩 티, TocoToco 또코토코,
Royaltea 로얄티 등이 유명해요.

째 chè 째

베트남 사람들이 즐겨 먹는 디저트입니다.
곱게 간 얼음에 코코넛 밀크와 각종 토핑을 섞어
먹는, 달콤하고 시원한 베트남식 빙수예요.
토핑은 검은콩, 녹두, 팥, 연꽃 씨, 젤리 등
다양합니다. 어떤 째를 먹을지 고르기 어려울
때는 여러 가지 토핑이 섞인
째탑껌 chè thập cẩm을 시키세요. 한번에 다양한
맛을 볼 수 있습니다.

Chương 2. 호텔   51

💬 **생생한 베트남 사진**

Bước I. 회화 Hội thoại

총 8개의 (Bài), 일상 및 실전 회화로 이루어진 Bước I.

여행 중에 흔히 겪는 주제에 따라 실용적인 표현으로 구성하였습니다.

주인공 소미를 따라 쇼핑을 하거나 관광을 하면서 베트남을 체험해 보세요!

그리고 베트남어 알파벳부터 본문의 모든 회화까지

베트남 원어민의 정확한 발음으로 녹음한 MP3 파일을 무료로 제공합니다.

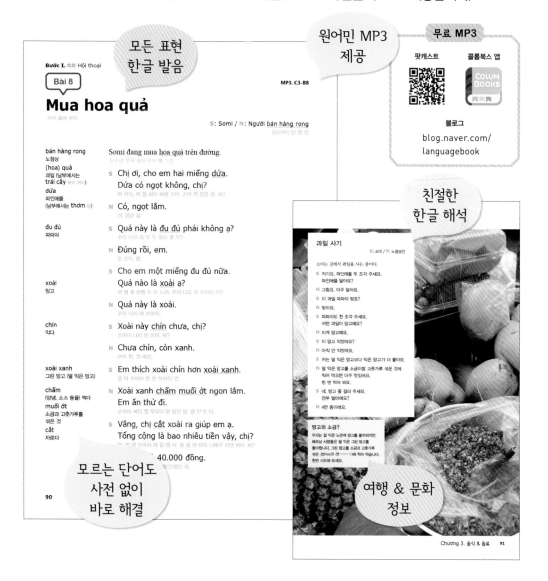

모든 표현
한글 발음

원어민 MP3
제공

무료 MP3

팟캐스트　　콜롬북스 앱

블로그

blog.naver.com/
languagebook

친절한
한글 해석

모르는 단어도
사전 없이
바로 해결

여행 & 문화
정보

Bước II. 응용 표현 Các câu đồng nghĩa

배운 표현, 이렇게도 바꿔 쓴다!

회화 중에 유용한 표현들을 좀 더 다양하게 구사할 수 있도록 모았습니다.
이렇게도 말해보고 저렇게도 말하면서 베트남어 스피킹을 연습해 보세요.

Bước II. 응용 표현 Các câu đồng nghĩa

배운 표현, 이렇게도 바꿔 쓴다!

얼마예요?
Bao nhiêu tiền vậy?
바오 니에우 띠엔 버이?

Giá bao nhiêu vậy?
자 바오 니에우 버이?

지금 이 스타일이 엄청 유행이에요.
Bây giờ kiểu này đang rất thịnh hành.
버이 저 끼에우 나이 당 젇 틴 하잉.

Bây giờ kiểu này đang mốt.
버이 저 끼에우 나이 당 몯.

지금 중간 사이즈는 품절이에요.
Bây giờ hết cỡ vừa rồi ạ.
버이 저 헫 꺼 브어 조이 아.

Bây giờ cỡ vừa hết rồi ạ.
버이 저 꺼 브어 헫 조이 아.

이게 가장 잘나가는 제품이에요.
Đây là sản phẩm bán chạy nhất ạ.
더이 라 싼 펌 반 짜이 녇 아.

Đây là sản phẩm bán được nhiều nhất ạ.
더이 라 싼 펌 반 드억 니에우 녇 아.

조금만 깎아 주실 수 있어요?
Bớt cho cháu một chút được không ạ?
벋 쩌 짜우 몯 쭏 드억 콤 아?

Giảm giá cho cháu một chút được không ạ?
잠 자 쩌 짜우 몯 쭏 드억 콤 아?

가입하는 방법 알려 줄 수 있어?
Chỉ tớ biết cách đăng ký được không?
찌 떠 비엗 까익 당 끼 드억 콤?

Cho tớ biết cách đăng ký được không?
쩌 떠 비엗 까익 당 끼 드억 콤?

그러면 기계 보증 기간이 남아서 수리비가 들지 않습니다.
Thế thì không mất phí sửa chữa vì máy còn thời gian bảo hành ạ.
테 티 콤 먿 피 스어 쯔어 비 마이 껀 터이 잔 바오 하잉 아.

Thế thì miễn phí vì máy còn thời gian bảo hành ạ.
테 티 미엔 피 비 마이 껀 터이 잔 바오 하잉 아.

나 이 슬리퍼 신어 보고 있어.
Tớ đang đi thử đôi dép này.
떠 당 디 트 도이 젭 나이.

Tớ đang mang thử đôi dép này.
떠 당 망 트 도이 젭 나이.

Chương 4. 쇼핑 **117**

116

12

Bước III. 연습 문제 Luyện tập

베트남어 제대로 써먹는다!

배운 것은 바로 복습해야 내 것이 됩니다.
익혔던 표현들을 빈칸에 써 넣으면서 얼마나 알고 있는지 확인해 보세요.

Bước III. 연습 문제 Luyện tập

베트남어 제대로 써먹는다!

1 우리 다 먹을 수 있어?
    Chúng ta   được không?

2 당연하지.
          rồi.

3 각자 계산하자.
          đi.

4 너 점심 먹었어?
    Cậu   ?

5 핫 아니면 아이스?
          hay   ?

6 나 고수 못 먹어.
    Tớ   rau mùi.

7 우리 못 만난 지 오래됐어. (오랜만이야.)
    Chúng ta đã   không gặp nhau.

8 운이 좋네!
          quá!

답안 >>
1. ăn hết 2. Tất nhiên 3. Tính riêng 4. ăn trưa chưa
5. Nóng / đá 6. không ăn được 7. lâu rồi 8. May

94

9 우리 TV 보면서 이 쿠키 먹자.
    Chúng ta sẽ   xem ti vi   ăn bánh quy này nhé.

10 여기 햄버거가 맛있다고 들었어.
    Tớ   hamburger ở đây rất ngon.

11 이 망고 익었어요?
    Xoài này   chưa?

12 여기서 드실 건가요 아니면 포장하실 건가요?
    Anh ăn   hay   ạ?

13 저기요, 계산해 주세요!
    Em ơi,   cho chị!

14 이 음식점은 분짜로 유명해.
    Nhà hàng này   với bún chả.

15 너 여기서 어떤 음식이 제일 맛있는지 알아?
    Cậu có biết món nào   ở đây không?

16 저기요, 주문할게요!
    Em ơi, cho chị   !

9. vừa / vừa 10. nghe nói 11. chín 12. ở đây / mang về
13. tính tiền 14. nổi tiếng 15. ngon nhất 16. gọi món

Chương 3. 음식 & 음료 95

기초 다지기

베트남어 문자 Bảng chữ cái tiếng Việt 방 쯔 까이 띠엥 비엣   MP3. C0-1

베트남어 알파벳은 영어와 비교해 'f, j, w, z'가 없고, 모음 'ă, â, ê, ô, ơ, ư'와 자음 'đ'
가 더해진 총 29개 문자로 구성됩니다. 그리고 6개의 성조가 있습니다. 알파벳이 같아도
성조에 따라 뜻이 완전히 달라지기 때문에 각별히 주의해야 합니다.

(* 베트남 북부와 남부에 따라 발음이 다른 문자도 있습니다. 이 책에서는 북부에 위치한
   수도 하노이의 발음을 기준으로 표기하였습니다.)

1. 단모음 Nguyên âm đơn 응우이엔 엄 던 `12개`

대문자	소문자	명칭	한국어 음가	예
A	a	a 아	ㅏ	cá 까 생선
Ă	ă	á 아	ㅏ	ăn 안 먹다
Â	â	ớ 어	ㅓ	nấm 넘 버섯
E	e	e 애	ㅐ	mẹ 매 엄마
Ê	ê	ê 에	ㅔ	đêm 뎀 밤
I	i	i ngắn 이 응안	ㅣ	đi 디 가다
O	o	o 어	ㅓ('오'와 '어'의 중간 발음)	ong 엉 벌
Ô	ô	ô 오	ㅗ	tôm 똠 새우
Ơ	ơ	ơ 어	ㅓ	cơm 껌 밥
U	u	u 우	ㅜ	cũ 꾸 낡은; 오래된
Ư	ư	ư 으	ㅡ	mực 믁 오징어
Y	y	y dài 이 자이	ㅣ	tay 따이 손

2. 복모음 Nguyên âm kép 응우이엔 엄 깹

베트남어 복모음은 단모음의 발음을 자연스럽게 이어 읽으면 됩니다. 다만, ia, ưa, ua는 '이아, 으아, 우아'가 아닌 '이어, 으어, 우어'로 발음합니다.

문자	예
ia 이어	bia 비어 맥주
iê 이에	biển 비엔 바다
ua 우어	mùa 무어 계절
uô 우오	uống 우옹 마시다
ưa 으어	mưa 므어 비
ươ 으어	mượn 므언 빌리다

3. 단자음 Phụ âm đơn 푸 엄 던 〔17개〕

대문자	소문자	명칭	한국어 음가	예
B	b	bê 베	ㅂ	bạn 반 친구
C	c	xê 쎄	ㄲ	cam 깜 오렌지
① D	d	dê 제	ㅈ	da 자 피부
Đ	đ	đê 데	ㄷ	đèn 댄 램프, 전등
G	g	gờ 거, giê 제	ㄱ	gà 가 닭
H	h	hát 핟	ㅎ	hạt 핟 씨앗

15

K	k	ka 까	ㄲ	kem 껨 아이스크림; 크림
L	l	e lờ 애 러	ㄹ	lá 라 잎
M	m	e mờ 애 머	ㅁ	mặn 만 짜다
N	n	e nờ 애 너	ㄴ	năm 남 년(年), 해; 5
② P	p	pê 뻬	ㅃ	pê đan 뻬 단 페달
③ Q	q	qui 꾸이	ㄲ	quê 꾸에 고향
④ R	r	e rờ 애 러	ㅈ	rán 잔 튀기다
⑤ S	s	ét sì 앧 씨	ㅆ	số 쏘 숫자
T	t	tê 떼	ㄸ	tên 뗀 이름
V	v	vê 베	ㅂ	vé 배 표, 티켓
X	x	ích xì 익 씨	ㅆ	xe 쌔 차

① D/d 제는 북부 표준어에서는 'ㅈ'과 같이 발음하지만, 남부에서는 반모음 'ㅣ'로
발음합니다.

② P/p 뻬는 주로 외래어를 표기할 때 쓰입니다.

③ Q/q 꾸이는 단독으로 사용하지 않고 항상 qu 꾸의 형태로만 사용합니다.
qu 꾸어는 o 어, ô 오, ơ 어, u 우, ư 으 모음을 제외한 나머지 모음과 결합할 수 있습니다.

④ R/r 애 러는 북부 표준어에서는 'ㅈ'과 같이 발음하지만, 남부에서는 혀를 구부려서
소리 내는 'ㄹ'과 같이 발음됩니다.

⑤ S/s 앧 씨는 X/x 익 씨보다 혀를 강하게 마찰해서 발음하는 'ㅆ'이지만, 일상생활에서는
x처럼 약하게 발음합니다.

4. 복자음 Phụ âm kép 푸 엄 깹

문자	한국어 음가	예
ch 쩌	ㅉ	chợ 쩌 시장
① tr 쩌	ㅉ	trà 짜 차
② gh 거	ㄱ	ghế 게 의자
③ gi 지	ㅈ	giá 자 가격
kh 커	ㅋ	khen 캔 칭찬하다
④ ng 응어	응	ngủ 응우 자다
④ ngh 응어	응	nghe 응애 듣다
nh 녀	녀	nhà 냐 집
ph 퍼	ㅍ	phở 퍼 쌀국수
th 터	ㅌ	thăm 탐 방문하다

① tr 쩌는 ch 쩌보다 혀를 더 구부려서 발음하는 'ㅉ'이지만, 보통은 쉽게 발음하기 위해 ch처럼 약하게 합니다.

② gh 거 발음은 g 거와 같지만, gh는 i 이 응안, e 애, ê 에 모음과만 결합하고 나머지 모음은 g와 결합합니다.

③ gi 지는 북부 표준어에서는 'ㅈ'과 같이 발음하지만 남부에서는 반모음 'ㅣ'로 발음합니다.

④ ng 응어의 발음은 ngh 응어와 같지만, ngh는 i, e, ê 모음과만 결합하고 나머지 모음은 ng와 결합합니다.

5. 끝자음 Phụ âm cuối 푸 엄 꾸오이

문자	한국어 음가	예
-c	ㄱ 받침	mặc 막 입다
-ch	-익	sách 싸익 책
-m	ㅁ 받침	tắm 땀 샤워하다
-n	ㄴ 받침	bạn 반 친구
-nh	-잉	nhanh 나잉 빠르다
-ng	ㅇ 받침	đẳng 당 쓰다
-p	ㅂ 받침	đẹp 댑 예쁜
-t	ㄷ 받침	bát 받 그릇

* o, ô, u가 끝자음 -c 또는 ng와 결합하면, 발음이 끝날 때 입을 다물어야 합니다.

6. 성조 Dấu 저우

성조 기호	기호 이름	발음 방법	예
(성조 기호 없음) a	không dấu 콩 저우	평성으로 발음한다. 우리말보다 시작 소리가 약간 높다.	ma 마 마귀, 도깨비
´ á	dấu sắc 저우 싹	평성에서 음을 높이면서 발음한다.	má 마 어머니; 볼
` à	dấu huyền 저우 후이엔	평성보다 낮은 중간음에서 내리면서 발음한다.	mà 마 그런데, 그러나
? ả	dấu hỏi 저우 허이	음을 부드럽게 내렸다가 다시 높인다.	mả 마 무덤, 묘
~ ã	dấu ngã 저우 응아	음을 중간에 내렸다가 급격하게 높이면서 발음한다.	mã 마 말
. ạ	dấu nặng 저우 낭	중간음에서 짧게 떨어뜨리며 발음한다.	mạ 마 모(벼)

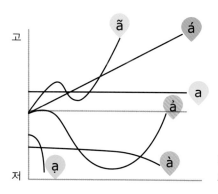

! 원어민의 정확한 발음으로 녹음한 MP3 파일을 자주 듣고 큰 소리로 따라 하며 내 것으로 만드세요.

인칭대명사의 특징

① 성별, 연령, 사회적 지위 및 친분 정도에 따라 다르게 사용해야 합니다. 지칭하는 대상이
   누구인지 생각하고 맞춰 사용하세요.
② 3인칭 단수형의 경우, 2인칭 단수형 뒤에 **ấy** 어이를 붙여서 만듭니다.
③ 2·3인칭 복수형의 경우, 각 단수형 앞에 **các** 깍을 붙입니다.
(* 베트남어 문법상 반드시 문장의 주어가 생략되지 않은 채 있어야 합니다. 특히, 나이가
   많은 사람과 대화할 때 주어를 생략하고 말하면 상대방이 무례하다고 여길 수 있으니
   상대방에게 적절한 호칭을 쓰는 것은 매우 중요합니다.)

인칭	단수			복수	
	뜻	인칭대명사	역할	뜻	인칭대명사
1인칭	저 · 나	**tôi** 또이	공식 석상에서 자신을 나타낼 때 또는 친구 등 나이가 비슷한 사람과 대화할 때	우리 (듣는 사람 제외)	**chúng** tôi 쭝 또이
		mình 밍	친구 사이	우리 (듣는 사람 포함)	**chúng** ta 쭝 따
		tớ 떠			
2인칭	당신 · 너	**ông** 옹	할아버지, 남자의 존칭	당신들 · 너희들	**các** ông 깍 옹
		bà 바	할머니, 여자의 존칭		**các** bà 깍 바
		bác 박	본인 부모보다 나이가 많은 남자 또는 여자		**các** bác 깍 박
		chú 쭈	본인 부모보다 나이가 젊은 남자		**các** chú 깍 쭈
		cô 꼬	본인 부모보다 나이가 젊은 여자		**các** cô 깍 꼬
		anh 아잉	젊은 남성, 형, 오빠		**các** anh 깍 아잉
		chị 찌	젊은 여성, 누나, 언니		**các** chị 깍 찌

2인칭	당신·너	thầy 터이	(남자) 선생님	당신들·너희들	**các** thầy 깍 터이
		cô 꼬	(여자) 선생님		**các** cô 깍 꼬
		cậu 꺼우, bạn 반	같은 나이, 친구 사이		**các** cậu 깍 꺼우, **các** bạn 깍 반
		em 앰	손아랫사람, 동생		**các** em 깍 앰
		cháu 짜우	어린이, 아이 (조카, 손자뻘 되는 사이)		**các** cháu 깍 짜우
3인칭	그·그녀	ông **ấy** 옹 어이	그 할아버지, 그 남자의 존칭	그들·그녀들	**các** ông ấy 깍 옹 어이
		bà **ấy** 바 어이	그 할머니, 그 여자의 존칭		**các** bà ấy 깍 바 어이
		anh **ấy** 아잉 어이	그 남자, 그 형, 그 오빠		**các** anh ấy 깍 아잉 어이
		chị **ấy** 찌 어이	그 여자, 그 누나, 그 언니		**các** chị ấy 깍 찌 어이
		thầy **ấy** 터이 어이	그 남자 선생님		**các** thầy ấy 깍 터이 어이
		cô **ấy** 꼬 어이	그 여자 선생님, 그 여자		**các** cô ấy 깍 꼬 어이
		em **ấy** 앰 어이	그 젊은 사람, 그 동생		**các** em ấy 깍 앰 어이
		cháu **ấy** 짜우 어이	그 어린 사람, 그 조카, 그 손주		**các** cháu ấy 깍 짜우 어이

Chương 1

Sân bay

공항

베트남! 어디로 가는 게 좋을까?

베트남은 위아래 긴 S자 모양으로 뻗어 있어요.
크게 북부, 중부, 남부로 나누지요.
지역별 특색이 뚜렷하므로 떠나기 전
여행 지역에 대해 미리 알아보는 게 좋습니다.
북부, 중부, 남부를 대표하는 도시를 알아볼까요?

하노이 대성당

호안끼엠 호수

북부 **하노이** Hà Nội

하노이는 베트남의 수도로 역사와 문화의 중심지입니다. 크고 작은 호수가 많은데,
그중 호안끼엠 호수 hồ Hoàn Kiếm 호 호안 끼엠는 사람들에게 가장 많은 사랑을 받는
곳입니다. 이 근처 36거리 36 phố phường 바 므어이 싸우 포 프엉라 불리는 구시가지는
골목 사이사이로 호텔, 식당 등이 많아서 여행객들로 북적입니다.
하노이를 여행할 때, 호안끼엠 호수 근처와 호찌민 주석이 베트남의 독립을 선언한
바딘 광장 quảng trường Ba Đình 꾸앙 쯔엉 바 딩 주변으로 동선을 나누어 돌아다니면
좋습니다. 또한 베트남 북부는 사계절이 존재해 시기별로 기온 차가 있으니, 여행
갈 때 반드시 현지 날씨를 확인하고 그에 맞게 옷을 챙겨 가세요.

인민위원 청사

남부 호찌민시 Thành phố Hồ Chí Minh 타잉 포 호 찌 밍

호찌민시는 베트남의 경제 중심지입니다. 예전 이름은 사이공 Sài Gòn이었으나, 1975년 베트남 통일 이후 국부 호찌민 주석의 이름을 따서 호찌민시가 되었습니다. 베트남에서 인구가 가장 많은 도시로 이른 아침부터 늦은 저녁까지 사람들로 북적이며 활기가 넘칩니다.

시내에는 프랑스 통치를 받던 시절의 건물들이 남아 있어, 동양과 서양의 묘한 조화를 느낄 수 있습니다. 호찌민시의 관광 명소는 주로 시내에 모여 있어, 걸어 다니면서 돌아볼 수 있어요. 베트남의 남부는 일 년 내내 덥고, 건기(11~4월)와 우기(5~10월)로 나뉩니다.

다낭 오행산

중부 **다낭** Đà Nẵng

다낭은 '포브스'지가 선정한 세계 6대 해변 중 하나인 미케 비치 bãi biển Mỹ Khê 바이 비엔 미 케를 끼고 있는 해안 도시입니다. 해변을 따라 많은 리조트, 호텔이 있으며 대표 관광 명소로는 오행산 Ngũ Hành Sơn 응우 하잉 썬과 바나힐 Bà Nà hills 바 나 힐이 있습니다.

오행산은 대리석으로 이루어져 있는 산으로, 넓은 평지에 우뚝 솟은 모습이 인상적입니다. 바나힐은 예전에 프랑스인들이 지었던 별장 지대를 개조한 테마파크로 관광객들에게 인기가 좋습니다.

계절에 따라 기온 차가 있고 겨울철(11~2월)에는 기온이 많이 떨어져서 바다에 들어가기 어렵습니다.

호이안 거리

중부 **호이안** Hội An

다낭에서 차를 타고 남쪽으로 40분 정도 가면, 과거 무역 도시로 번성했던 호이안에 도착합니다. 호이안의 구시가지는 유네스코 세계 문화유산으로 지정되어 있어요. 오래된 건물들과 노란색 담벽이 풍기는 분위기가 매력적입니다. 밤이 되면 구시가지 전체에 등불이 켜지면서 더욱 아름다운 풍경을 자랑합니다. 호이안을 끼고 흐르는 투본강 **sông Thu Bồn** 쏭 투 본에서, 나무 보트를 타고 강물에 등불을 띄우며 소원을 비는 투어도 인기가 많습니다. 일정에 여유가 있다면, 다낭에서 북쪽으로 가면 있는 베트남 마지막 왕조의 수도 후에 **Huế**를 방문해 황릉을 구경해도 좋습니다.

Làm thủ tục lên máy bay

람 투 뚝 렌 마이 바이

S: Somi / N: Nhân viên hãng bay
년 비엔 항 바이

Somi đến sân bay Incheon để sang Việt Nam.
소미 덴 썬 바이 인천 데 쌍 비엔 남.

N Quý khách tiếp theo!
Xin chào chị. Chị vui lòng cho tôi xem hộ chiếu.
꾸이 카익 띠엡 태오! 씬 짜오 찌. 찌 부이 렁 쩌 또이 쌤 호 찌에우.

cho tôi xem ~
~을 보여 주세요

hộ chiếu
여권

vé điện tử
E-티켓 (전자 항공권)

gần lối đi
통로 쪽
(gần 가까운,
lối đi 통로, 길)

hàng trên
앞줄

hết
남아 있지 않다, 다하다

ạ
문장 끝에 붙여서 정중한
표현을 나타냄

hành lý ký gửi
위탁 수하물

vali
캐리어, 짐 가방

S Chào chị. Hộ chiếu và vé điện tử của tôi đây.
짜오 찌. 호 찌에우 바 배 디엔 뜨 꾸어 또이 더이.

N Chị muốn ngồi gần lối đi hay cửa sổ?
찌 무온 응오이 건 로이 디 하이 끄어 쏘?

S Tôi muốn ngồi gần cửa sổ.
Còn ghế hàng trên không?
또이 무온 응오이 건 끄어 쏘. 껀 게 항 쩬 콩?

N Những ghế hàng trên hết rồi ạ.
Chị có hành lý ký gửi không ạ?
니응 게 항 쩬 헫 조이 아. 찌 꺼 하잉 리 끼 그이 콩 아?

S Vâng, Tôi có một vali.
벙, 또이 꺼 몯 발리.

N Chị để hành lý lên đi ạ.
Trong vali có pin sạc dự phòng không ạ?
찌 데 하잉 리 렌 디 아. 쩡 발리 꺼 삔 싹 즈 펑 콩 아?

S Dạ, không.
자, 콩.

thẻ lên máy bay
탑승권

chuyến bay
항공편

bị chậm
지연되다, 늦어지다

trời ơi
이럴 수가, 맙소사
(놀람, 아쉬움 등을
나타내는 감탄사)

N Thẻ lên máy bay của chị đây ạ.
Chuyến bay VN409 sẽ bị chậm 30 phút.
태 렌 마이 바이 꾸어 찌 더이 아. 쭈이엔 바이 브이 앤 본 콩 찐 쌔 비 쩜 바 므어이 푿.

S Chuyến bay bị chậm rồi à? Trời ơi...
쭈이엔 바이 비 쩜 조이 아? 쩌이 어이...

N Chị phải đến cổng số 47 lúc 10 giờ 15 phút.
찌 파이 덴 꽁 쏘 본 므어이 바이 룩 므어이 저 므어이 람 푿.

탑승 수속

S: 소미 / **N**: 항공사 직원

소미는 베트남에 가기 위해 인천 공항에 왔다.

N 다음 손님!
  안녕하세요. 여권 보여 주세요.

S 안녕하세요. 여기 제 여권과 E-티켓입니다.

N 통로 쪽에 앉으시겠어요 창가 쪽에 앉으시겠어요?

S 창가 쪽에 앉고 싶어요.
  앞쪽 자리 남아 있나요?

N 앞쪽 자리는 다 찼어요.
  부치실 짐 있으신가요?

S 네, 캐리어 하나 있어요.

N 짐 올려놓아 주세요.
  캐리어에 배터리가 있나요?

S 아니요.

N 여기 탑승권입니다.
  VN409 항공편은 30분 지연되었습니다.

S 지연되었나요? 이런...

N 10시 15분까지 47번 게이트로 가셔야 합니다.

MP3. C1-B2

Trên máy bay (1)
쩬 마이 바이 몯

S: Somi / T: Tiếp viên hàng không
띠엡 비엔 항 콩

suất ăn trên máy bay
기내식
dùng
드시다
('ăn 먹다'의 높임말)
ăn kèm với ~
~과 같이 먹다, 곁들여 먹다

Somi đang chờ suất ăn trên máy bay.
소미 당 쩌 쑤얼 안 쩬 마이 바이.

T Chị muốn dùng thịt gà hay cá ạ?
찌 무온 중 틷 가 하이 까 아?

S Món nào ăn kèm với cơm?
먼 나오 안 깸 버이 껌?

T Cá ạ.
까 아.

S Thế thì cho tôi cá.
테 티 쩌 또이 까.

đồ uống
음료

nước suối
생수

T Chị muốn dùng đồ uống gì ạ?
찌 무온 중 도 우옹 지 아?

S Cho tôi một cốc nước suối.
쩌 또이 몯 꼭 느억 쑤오이.

T Đây ạ.
더이 아.

(Sau bữa ăn)
(싸우 브어 안)

S Chị cho tôi một cốc trà được không?
찌 쩌 또이 몯 꼭 짜 드억 콩?

T Chúng tôi đang chuẩn bị trà và cà phê. Làm ơn chờ một chút.
쭝 또이 당 쭈언 비 짜 바 까 페. 람 언 쩌 몯 쭏.

S Bây giờ tôi thấy hơi lạnh. Chị cho tôi một cái chăn nữa được không?
버이 저 또이 터이 허이 라잉. 찌 쩌 또이 몯 까이 짠 느어 드억 콩?

chăn
담요
ngay
곧, 즉시
với cả
그리고
tai nghe
헤드폰, 이어폰
bị hư
고장 나다, 파손되다

T Tôi sẽ mang đến cho chị ngay.
또이 쌔 망 덴 쩌 찌 응아이.

S Với cả tai nghe này bị hư rồi.
버이 까 따이 응애 나이 비 흐 조이.

30

기내에서 (1)

S: 소미 / T: 승무원

소미는 기내식을 기다리고 있다.

T 식사는 닭고기와 생선 중 무엇으로 하시겠습니까?

S 어떤 음식이 밥이랑 같이 나오나요?

T 생선이요.

S 그러면 생선으로 주세요.

T 음료는 무엇으로 하시겠어요?

S 물 한 잔 주세요.

T 여기 있습니다.

(식사 후)

S 차 한 잔 주시겠어요?

T 커피와 차를 준비 중입니다.
  조금만 기다려 주세요.

S 지금 조금 추운데요.
  담요 하나 더 주실 수 있나요?

T 지금 바로 가져다드리겠습니다.

S 그리고 이 헤드폰 고장 났어요.

Chương 1. 공항　　**31**

Trên máy bay (2)

쩬 마이 바이 하이

S: Somi / H: Hành khách bên cạnh

하잉 카익 벤 까잉

hạ cánh
착륙하다, 하강하다
(↔ **cất cánh**
이륙하다, 날아오르다)
kế bên
옆, 이웃한
Sài Gòn
사이공
(호찌민시 옛 이름,
여전히 많이 사용)
hồi hộp
설레다, 조마조마하다
đã ~ bao giờ chưa?
~해 본 적 있어요? (경험)
định làm gì?
무엇을 할 예정이에요?

Máy bay đang từ từ hạ cánh.
Somi nói chuyện với người ngồi kế bên.
마이 바이 당 뜨 뜨 하 까잉. 소미 너이 쮸이엔 버이 응으어이 응오이 께 벤.

S Đến Sài Gòn rồi. Tôi thấy hồi hộp quá!
덴 싸이 건 조이. 또이 터이 호이 홉 꾸아!

H Chị đã đến Việt Nam bao giờ chưa?
찌 다 덴 비엗 남 바오 저 쯔어?

S Rồi, trước đây tôi đến Việt Nam để học tiếng Việt.
조이, 쯔억 더이 또이 덴 비엗 남 데 헉 띠엥 비엗.

H Ồ, vậy hả? Lần này thì chị định làm gì?
오, 버이 하? 런 나이 티 찌 딩 람 지?

S Tôi định gặp bạn bè, đi ăn các món ăn ngon.
또이 딩 갑 반 배, 디 안 깍 먼 안 응언.

chắc là ~
아마, ~할 것 같다

H Chắc là sẽ thú vị lắm đây.
짝 라 쌔 투 비 람 더이.

ở đâu?
어디? 어디에?
(장소, 위치를 묻는 의문사)

S Quê anh ở đâu?
꾸에 아잉 어 더우?

H Quê tôi ở Sài Gòn.
꾸에 또이 어 싸이 건.

bao lâu
얼마나, 얼마 동안

S Anh sống ở Hàn Quốc bao lâu rồi?
아잉 쏭 어 한 꾸옥 바오 러우 조이?

H Tôi làm việc ở Hàn Quốc 3 năm rồi.
또이 람 비엑 어 한 꾸옥 바 남 조이.

nghề
직업

S Thật không? Anh làm nghề gì?
턷 콩? 아잉 람 응에 지?

thông dịch viên
통역사

H Tôi là thông dịch viên.
또이 라 통 직 비엔.

tuyệt
멋지다, 대단하다

S Ồ, tuyệt quá!
오, 뚜이엗 꾸아!

기내에서 (2)

S: 소미 / **H**: 옆자리 승객

비행기가 서서히 하강하고 있다.
소미는 옆자리 사람과 이야기를 나눈다.

S 사이공에 도착했네요. 엄청 설레요!

H 베트남에 와 본 적 있어요?

S 네, 예전에 베트남어 공부하러 베트남에 왔었어요.

H 오, 그래요? 이번에는 뭐 할 예정이에요?

S 친구들 만나고, 맛있는 음식 먹으러 가려고요.

H 재밌겠네요.

S 고향이 어디세요?

H 제 고향은 사이공이에요.

S 한국에서 얼마나 사셨어요?

H 저는 한국에서 3년 동안 일했어요.

S 정말요? 직업이 뭐예요?

H 저는 통역사예요.

S 오, 엄청 멋진데요!

Bài 4

Thủ tục nhập cảnh
투 뚝 녑 까잉

S: Somi / N: Nhân viên xuất nhập cảnh
년 비엔 쑤얻 녑 까잉

xếp hàng
줄을 서다
nhập cảnh
입국하다
(↔ xuất cảnh
출국하다)
đây ạ
여기 있습니다
(상대방에게 무엇을
건네주면서 하는 말)
~ được không?
~할 수 있습니까?

Somi xếp hàng để làm thủ tục nhập cảnh.
소미 쎕 항 데 람 투 뚝 녑 까잉.

N Xin chào. Chị vui lòng cho tôi xem hộ chiếu.
씬 짜오. 찌 부이 렁 쩌 또이 쌤 호 찌에우.

S Dạ, đây ạ.
자, 더이 아.

N Chị nói tiếng Việt được không?
찌 너이 띠엥 비엗 드억 콩?

S Dạ, được.
자, 드억.

để làm gì
무엇을 하기 위해서

N Chị đến Việt Nam để làm gì?
찌 덴 비엗 남 데 람 지?

S Tôi đi du lịch.
또이 디 주 릭.

trong bao lâu
얼마 동안

N Chị sẽ ở đây trong bao lâu?
찌 쌔 어 더이 쩡 바오 러우?

S Tôi sẽ ở đây một tháng.
또이 쌔 어 더이 몯 탕.

cấp
발급하다, 발행하다
vé máy bay ngày về
귀국 항공권

N Chị đã được cấp visa chưa? À, ở đây rồi.
Chị có vé máy bay ngày về không?
찌 다 드억 껍 비 자 쯔어? 아, 어 더이 조이. 찌 꺼 배 마이 바이 응아이 베 콩?

S Dạ, có. Đây ạ.
자, 꺼. 더이 아.

lưu trú
체류하다, 머무르다

N Chị định lưu trú ở đâu?
찌 딩 르우 쭈 어 더우?

S Tôi ở khách sạn Hoa Đào.
또이 어 카익 싼 호아 다오.

N Của chị xong rồi.
꾸어 찌 썽 조이.

입국 수속

S: 소미 / N: 출입국 심사 직원

소미는 입국 심사를 위해 줄을 섰다.

N 안녕하세요. 여권 보여 주세요.

S 여기 있습니다.

N 베트남어 할 줄 아세요?

S 네, 할 줄 알아요.

N 베트남에 무슨 일로 오셨습니까?

S 여행하려요.

N 여기에 얼마 동안 있을 거죠?

S 한 달 있을 거예요.

N 비자 발급받으셨습니까? 아, 여기 있네요.
　귀국 항공권 가지고 계십니까?

S 네. 여기 있습니다.

N 어디에서 머물 예정입니까?

S 호아다오 호텔이요.

N 완료되었습니다.

베트남 무비자 & 입국 수속

한국인은 베트남에서 무비자로 15일간 체류할 수 있고
(여권 유효 기간 6개월 이상 남아 있어야 함). 15일 이상
여행할 계획이라면 기간에 맞추어 비자를 발급받아야
합니다. 그리고 베트남 입국 시에는 귀국 항공권이나
제3국으로 가는 항공권을 소지하고 있어야 합니다.
만일 베트남을 방문한 지 30일 이내(베트남 출국일자
기준)에 재방문한다면 반드시 비자를 발급받아야 합니다.
관광 비자로는 최대 3개월까지 체류할 수 있습니다.

Bài 5

Lấy hành lý ký gửi
러이 하잉 리 끼 그이

S: Somi / N: Nhân viên
년 비엔

băng chuyền
컨베이어 벨트
xin lỗi
죄송합니다, 실례합니다
cho tôi hỏi
여쭤볼게요, 물을게요
chuyện
일, 사건

Somi đang đứng ở bên cạnh băng chuyền để lấy hành lý ký gửi.
소미 당 등 어 벤 까잉 방 쭈이엔 데 러이 하잉 리 끼 그이.

S Xin lỗi. Cho tôi hỏi một chút được không ạ?
씬 로이. 쩌 또이 허이 몯 쭏 드억 콩 아?

N Có chuyện gì vậy, chị?
꺼 쭈이엔 지 버이, 찌?

S Tất cả hành lý đều ra chưa ạ?
떧 까 하잉 리 데우 자 쯔어 아?

N Chuyến bay nào vậy, chị?
쭈이엔 바이 나오 버이, 찌?

S Chuyến bay VN409 từ Incheon, Hàn Quốc.
쭈이엔 바이 브이 앤 본 콩 찐 뜨 인천, 한 꾸옥.

N Dạ, tất cả hành lý đều ra rồi.
자, 떧 까 하잉 리 데우 자 조이.

S Tôi không thấy vali của tôi.
또이 콩 터이 발리 꾸어 또이.

màu
색깔

N Màu gì ạ?
마우 지 아?

S Màu đỏ.
마우 더.

N Cái kia không phải của chị à?
까이 끼어 콩 파이 꾸어 찌 아?

S Dạ, không phải của tôi.
자, 콩 파이 꾸어 또이.

phiếu hành lý
수하물 표

N Cho tôi xem phiếu hành lý.
쩌 또이 쌤 피에우 하잉 리.

(Một lát sau)
(몯 랃 싸우)

tưởng là ~
~인 줄 알았다,
~라고 생각했다
bị mất
잃어버리다

N Chị ơi, hành lý của chị đây ạ.
찌 어이, 하잉 리 꾸어 찌 더이 아.

S Cảm ơn anh nhiều. Tôi cứ tưởng là bị mất hành lý rồi.
깜 언 아잉 니에우. 또이 끄 뜨엉 라 비 멀 하잉 리 조이.

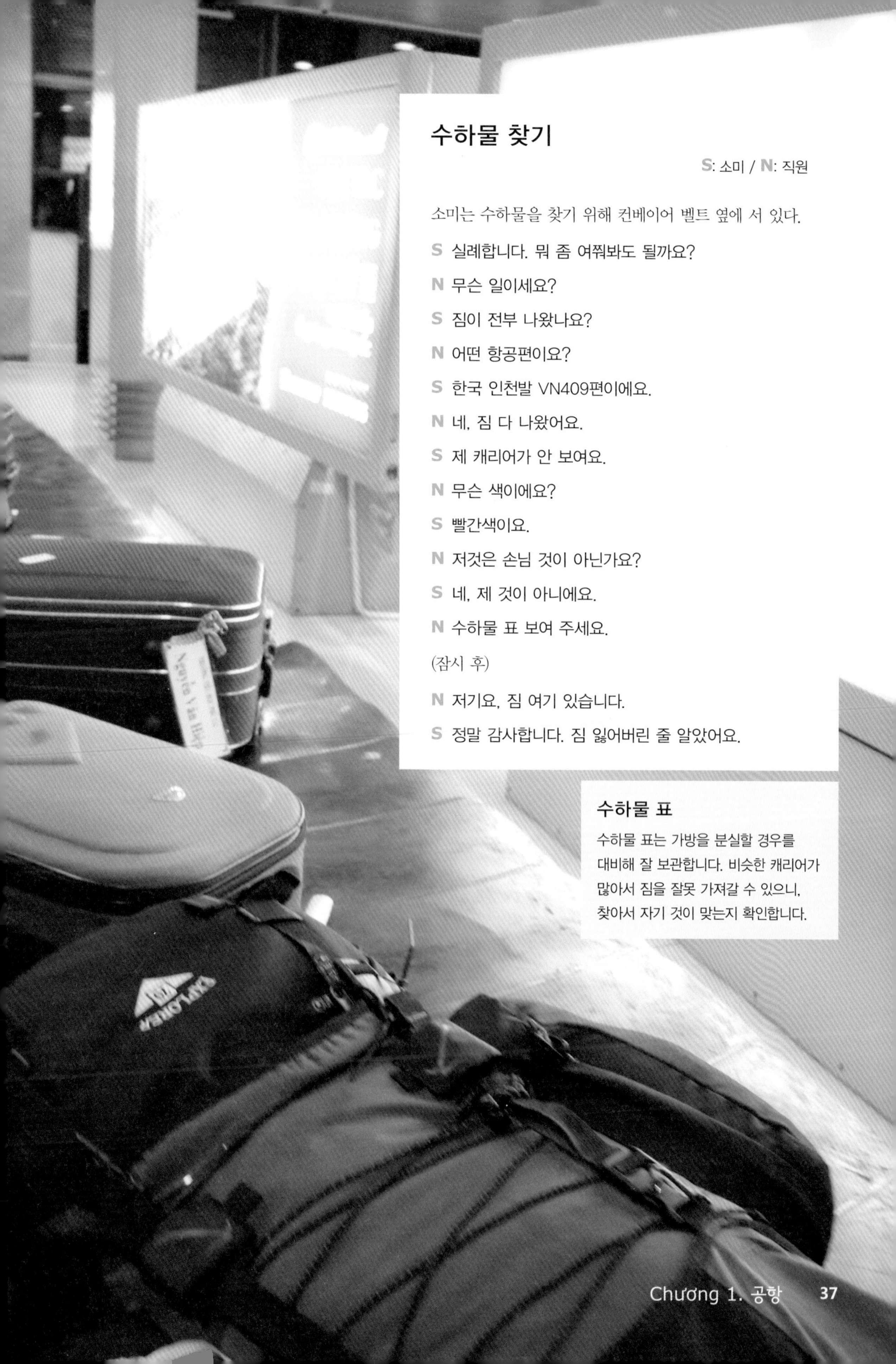

수하물 찾기

S: 소미 / N: 직원

소미는 수하물을 찾기 위해 컨베이어 벨트 옆에 서 있다.

S 실례합니다. 뭐 좀 여쭤봐도 될까요?

N 무슨 일이세요?

S 짐이 전부 나왔나요?

N 어떤 항공편이요?

S 한국 인천발 VN409편이에요.

N 네, 짐 다 나왔어요.

S 제 캐리어가 안 보여요.

N 무슨 색이에요?

S 빨간색이요.

N 저것은 손님 것이 아닌가요?

S 네, 제 것이 아니에요.

N 수하물 표 보여 주세요.

(잠시 후)

N 저기요, 짐 여기 있습니다.

S 정말 감사합니다. 짐 잃어버린 줄 알았어요.

수하물 표

수하물 표는 가방을 분실할 경우를 대비해 잘 보관합니다. 비슷한 캐리어가 많아서 짐을 잘못 가져갈 수 있으니, 찾아서 자기 것이 맞는지 확인합니다.

MP3. C1-B6

Đổi tiền
도이 띠엔

S: Somi / N: Nhân viên
년 비엔

Somi đến quầy đổi tiền ở sân bay.
소미 뗀 꾸어이 도이 띠엔 어 썬 바이.

đổi tiền
환전하다
(đổi 바꾸다, tiền 돈)

S Chào anh, Tôi muốn đổi tiền.
짜오 아잉, 또이 무온 도이 띠엔.

N Chị muốn đổi tiền gì ạ?
찌 무온 도이 띠엔 지 아?

tôi muốn+동사
~하고 싶어요

S Tôi muốn đổi từ đô la Mỹ sang tiền Việt.
또이 무온 도이 뜨 도 라 미 쌍 띠엔 비엗.

N Chị cho tôi xem hộ chiếu.
찌 쩌 또이 쌤 호 찌에우.

tỉ giá
환율

S Tỉ giá hôm nay là bao nhiêu?
띠 자 홈 나이 라 바오 니에우?

để tôi+동사
제가 ~할게요

một ngàn
천, 1,000
(= một nghìn)

N Để tôi xem. Một đô la Mỹ đổi được 22.000 đồng.
데 또이 쌤. 몯 도 라 미 도이 드억 하이 므어이 하이 응인 동.

tăng lên
오르다

rớt xuống
떨어지다

S Tỉ giá hôm nay tăng lên hay rớt xuống ạ?
띠 자 홈 나이 땅 렌 하이 젇 쑤옹 아?

A 형용사+hơn B
A가 B보다 ~하다
(비교를 나타냄)

N Tỉ giá hôm nay thấp hơn hôm qua một chút.
Chị muốn đổi bao nhiêu?
띠 자 홈 나이 텁 헌 홈 꾸아 몯 쭏. 찌 무온 도이 바오 니에우?

S 100 đô la.
몯 짬 도 라.

mệnh giá
화폐 종류

N Thế là 2.200.000 đồng.
Chị muốn lấy tiền mệnh giá nào?
테 라 하이 찌에우 하이 짬 응인 동. 찌 무온 러이 띠엔 멩 자 나오?

tờ
장 (종이, 신문 등 종이류
단어 앞에 쓰는 종별사)

S Cho tôi 4 tờ 500.000 đồng, 2 tờ 100.000 đồng.
쩌 또이 본 떠 남 짬 응안 동, 하이 떠 몯 짬 응안 동.

kiểm tra
확인하다, 검사하다

N Đây ạ. Chị kiểm tra lại đi.
더이 아. 찌 끼엠 짜 라이 디.

S Đúng rồi. Cảm ơn anh.
둥 조이. 깜 언 아잉.

환전하기

베트남 화폐단위는 동(đồng, VND)입니다. 한국에서
원화를 동으로 바로 바꾸는 것보다, 달러로 바꾼
다음 베트남에서 동으로 환전하는 것이 낫습니다.
베트남에서 환전한다면 액수가 맞는지, 훼손된 지폐는
없는지 그 자리에서 바로 확인해 보는 것이 좋습니다.
공항보다 시내의 환전소에서 조금 더 유리한 환율을
적용받을 수 있습니다.

환전하기

S: 소미 / N: 직원

소미는 공항 환전소에 갔다.

S 안녕하세요, 환전하려고 하는데요.

N 어떤 돈 바꾸실 거예요?

S 미국 달러를 동으로 바꾸고 싶어요.

N 여권 보여 주세요.

S 오늘 환율이 어떻게 돼요?

N 어디 보자. 1달러에 22,000동입니다.

S 오늘 환율이 올랐나요 아니면 내렸나요?

N 오늘 환율은 어제보다 조금 낮아요.
얼마나 바꾸고 싶으세요?

S 100달러요.

N 그러면 220만 동입니다.
얼마짜리로 드릴까요?

S 50만 동 4장, 10만 동 2장으로 주세요.

N 여기요. 다시 확인해 보세요.

S 맞아요. 감사합니다.

Mua thẻ sim
무어 태 씸

S: Somi / N: Nhân viên
년 비엔

thẻ sim
유심 칩, 유심 카드

Somi đang mua thẻ sim.
소미 당 무어 태 씸.

S Chào anh, tôi muốn mua thẻ sim Viettel.
짜오 아잉, 또이 무온 무어 태 씸 비엘 태오.

gói cước
요금제

N Chị muốn mua gói cước nào?
찌 무온 무어 거이 끄억 나오?

nên+동사
~하는 게 낫다, 좋다
(조언, 제안)

S Ừm... Tôi không biết nên sử dụng gói cước nào.
음... 또이 콩 비엗 넨 쓰 중 거이 끄억 나오

N Chị sử dụng internet nhiều không?
찌 쓰 중 인 떠 넫 니에우 콩?

S Dạ, nhiều.
자, 니에우.

gọi điện
전화를 하다

N Chị gọi điện nhiều không?
찌 거이 디엔 니에우 콩?

S Dạ, không nhiều.
자, 콩 니에우.

N Thế thì chị nên sử dụng gói cước này.
Dung lượng 4G không giới hạn và 30 phút gọi điện.
테 티 찌 넨 쓰 중 거이 끄억 나이. 중 르엉 본 거 콩 저이 한 바 바 므어이 풋 거이 디엔.

dung lượng
용량
giới hạn
제한, 한계
tốc độ
속도
thế nào
어떻게; 어떻습니까?
bao nhiêu tiền?
(가격이) 얼마예요?

S Tốc độ internet thì thế nào ạ?
똑 도 인 떠 넫 티 테 나오 아?

N Nhanh lắm.
냐잉 람.

S Gói cước này bao nhiêu tiền vậy, anh?
거이 끄억 나이 바오 니에우 띠엔 버이, 아잉?

N 200.000 đồng.
하이 짬 응인 동.

S Tôi sẽ mua gói cước này.
또이 쌔 무어 거이 끄억 나이.

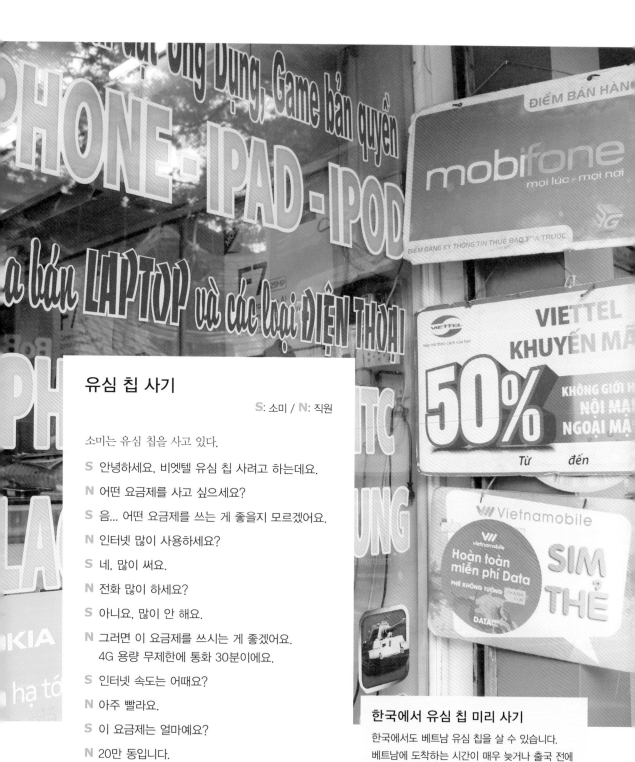

유심 칩 사기

S: 소미 / N: 직원

소미는 유심 칩을 사고 있다.

S 안녕하세요, 비엣텔 유심 칩 사려고 하는데요.

N 어떤 요금제를 사고 싶으세요?

S 음... 어떤 요금제를 쓰는 게 좋을지 모르겠어요.

N 인터넷 많이 사용하세요?

S 네, 많이 써요.

N 전화 많이 하세요?

S 아니요, 많이 안 해요.

N 그러면 이 요금제를 쓰시는 게 좋겠어요.
4G 용량 무제한에 통화 30분이에요.

S 인터넷 속도는 어때요?

N 아주 빨라요.

S 이 요금제는 얼마예요?

N 20만 동입니다.

S 이 요금제로 살게요.

한국에서 유심 칩 미리 사기

한국에서도 베트남 유심 칩을 살 수 있습니다.
베트남에 도착하는 시간이 매우 늦거나 출국 전에
준비하고 싶다면 한국에서 미리 인터넷으로
주문하세요!

Đi vào trung tâm thành phố

디 바오 쭝 떰 타잉 포

S: Somi / T: Tài xế tắc xi
따이 쎄 딱 씨

bắt tắc xi 택시를 잡다	Somi bắt tắc xi để đi vào trung tâm thành phố. 소미 받 딱 씨 데 디 바오 쭝 떰 타잉 포.

S Anh mang hành lý lên xe giúp tôi được không ạ?
아잉 망 하잉 리 렌 쌔 줍 또이 드억 콩 아?

T Dạ, được.
자, 드억.

trời nóng
날씨가 덥다

S Trời nóng quá. Anh có thể bật điều hòa được không?
쩌이 넝 꾸아. 아잉 꺼 테 벋 디에우 호아 드억 콩?

* 날씨 표현 :
trời+(날씨 관련) 형용사
bật
(전자 기기를) 켜다
điều hòa
에어컨
(남부에서는
máy lạnh 마이 라잉)
lúc nào cũng
항상, 언제나
tôi là người+국가명
저는 ~(나라) 사람입니다

T Dạ, được. Sài Gòn lúc nào cũng nóng. Chị đi đâu?
자, 드억. 싸이 건 룩 나오 꿍 넝. 찌 디 더우?

S Cho tôi đến địa chỉ này.
쩌 또이 덴 디어 찌 나이.

T Dạ. Chị là người nước nào?
자. 찌 라 응어이 느억 나오?

S Tôi là người Hàn Quốc.
또이 라 응어이 한 꾸옥.

T Sao chị nói được tiếng Việt giỏi thế?
싸오 찌 너이 드억 띠엥 비엗 저이 테?

chỉ ~ thôi
단지 ~일 뿐이다
từ A đến B
A에서 B까지
mất bao lâu?
(시간이) 얼마나 걸려요?

S Tôi chỉ biết một chút thôi.
Từ đây đến khách sạn mất bao lâu thế, anh?
또이 찌 비엗 몯 쭏 토이. 뜨 더이 덴 카익 싼 먿 바오 러우 테, 아잉?

T Khoảng 30 phút.
코앙 바 므어이 푿.

(Somi tới khách sạn.)
(소미 떠이 카익 싼.)

S Tôi muốn xuống đây. 120.000 đồng phải không?
또이 무온 쑤옹 더이. 몯 짬 하이 므어이 응안 동 파이 콩?

chúc
축하하다; 바라다
chuyến đi
여정, 여행

T Dạ, phải. Chúc chị có một chuyến đi vui vẻ.
자, 파이. 쭉 찌 꺼 몯 쭈이엔 디 부이 배.

S Cảm ơn anh.
깜 언 아잉.

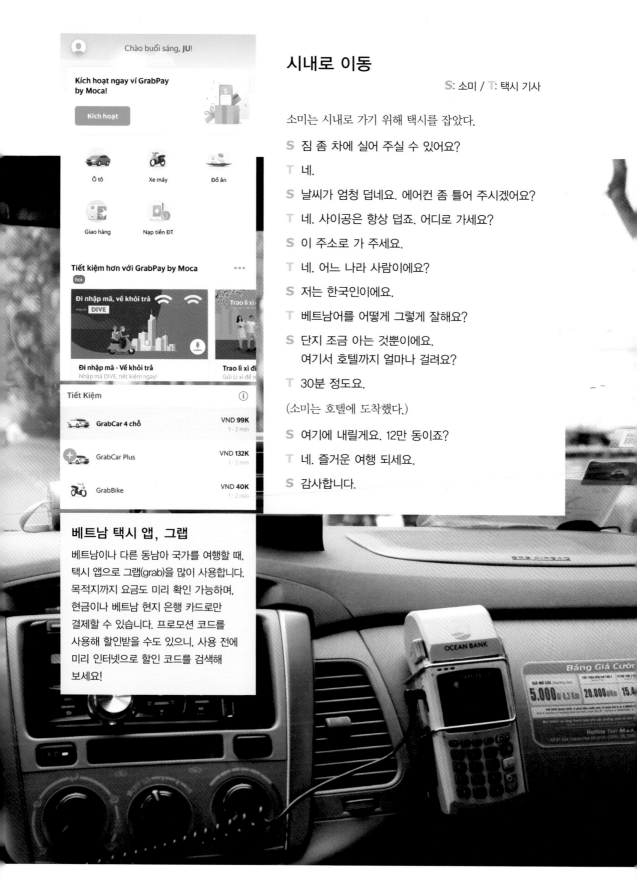

시내로 이동

S: 소미 / **T**: 택시 기사

소미는 시내로 가기 위해 택시를 잡았다.

S 짐 좀 차에 실어 주실 수 있어요?

T 네.

S 날씨가 엄청 덥네요. 에어컨 좀 틀어 주시겠어요?

T 네. 사이공은 항상 덥죠. 어디로 가세요?

S 이 주소로 가 주세요.

T 네. 어느 나라 사람이에요?

S 저는 한국인이에요.

T 베트남어를 어떻게 그렇게 잘해요?

S 단지 조금 아는 것뿐이에요.
여기서 호텔까지 얼마나 걸려요?

T 30분 정도요.

(소미는 호텔에 도착했다.)

S 여기에 내릴게요. 12만 동이죠?

T 네. 즐거운 여행 되세요.

S 감사합니다.

베트남 택시 앱, 그랩

베트남이나 다른 동남아 국가를 여행할 때,
택시 앱으로 그랩(grab)을 많이 사용합니다.
목적지까지 요금도 미리 확인 가능하며,
현금이나 베트남 현지 은행 카드로만
결제할 수 있습니다. 프로모션 코드를
사용해 할인받을 수도 있으니, 사용 전에
미리 인터넷으로 할인 코드를 검색해
보세요!

\# 조금만 기다려 주세요.

Làm ơn chờ một chút.

람 언 쩌 몯 쭏.

Vui lòng đợi một chút.

부이 렁 더이 몯 쭏.

\# 베트남에 와 본 적 있어요?

Chị đã đến Việt Nam bao giờ chưa?

찌 다 덴 비엗 남 바오 저 쯔어?

Chị đã bao giờ đến Việt Nam chưa?

찌 다 바오 저 덴 비엗 남 쯔어?

\# 직업이 뭐예요?

Anh làm nghề gì?

아잉 람 응에 지?

Nghề nghiệp của anh là gì?

응에 응이엡 꾸어 아잉 라 지?

\# 베트남어 할 줄 아세요?

Chị nói tiếng Việt được không?

찌 너이 띠엥 비엗 드억 콩?

Chị có thể nói tiếng Việt không?

찌 꺼 테 너이 띠엥 비엗 콩?

여기에 얼마 동안 있을 거죠?

Chị sẽ ở đây trong bao lâu?

찌 쌔 어 더이 쩡 바오 러우?

Chị sẽ ở lại đây bao lâu?

찌 쌔 어 라이 더이 바오 러우?

무슨 일이세요?

Có chuyện gì vậy?

꺼 쭈이엔 지 버이?

Có việc gì vậy?

꺼 비엑 지 버이?

여기에 내릴게요.

Tôi muốn xuống đây.

또이 무온 쑤옹 더이.

Dừng ở đây.

증 어 더이.

즐거운 여행 되세요.

Chúc chị có một chuyến đi vui vẻ.

쭉 찌 꺼 몯 쭈이엔 디 부이 배.

Chúc chị có một chuyến đi tốt đẹp.

쭉 찌 꺼 몯 쭈이엔 디 똗 댑.

베트남어 제대로 써먹는다!

1 여권 보여 주세요.

➤ Chị vui lòng _____ hộ chiếu.

2 베트남에 와 본 적 있어요?

➤ Chị đã đến Việt Nam _____?

3 고향이 어디세요?

➤ Quê anh _____?

4 직업이 뭐예요?

➤ Anh _____ gì?

5 베트남어 할 줄 아세요?

➤ Chị nói tiếng Việt _____?

6 베트남에 무슨 일로 오셨습니까?

➤ Chị đến Việt Nam _____?

7 여기에 얼마 동안 있을 거죠?

➤ Chị sẽ ở đây _____?

8 무슨 일이세요?

➤ Có _____ vậy, chị?

답안 >>
1. cho tôi xem 2. bao giờ chưa 3. ở đâu 4. làm nghề
5. được không 6. để làm gì 7. trong bao lâu 8. chuyện gì

9 짐 잃어버린 줄 알았어요.

　　👄 Tôi cứ ＿＿＿＿＿＿ bị mất hành lý rồi.

10 네, 제 것이 아니에요.

　　👄 Dạ, không phải ＿＿＿＿＿.

11 이 요금제는 얼마예요?

　　👄 Gói cước này ＿＿＿＿＿＿＿＿ vậy, anh?

12 날씨가 엄청 덥네요.

　　👄 ＿＿＿ nóng quá.

13 어느 나라 사람이에요?

　　👄 Chị là người ＿＿＿＿＿？

14 여기서 호텔까지 얼마나 걸려요?

　　👄 Từ đây đến khách sạn ＿＿＿＿＿＿ thế, anh?

15 즐거운 여행 되세요.

　　👄 ＿＿＿ chị có một chuyến đi vui vẻ.

16 재밌겠네요.

　　👄 ＿＿＿ sẽ thú vị lắm đây.

9. tưởng là 10. của tôi 11. bao nhiêu tiền 12. Trời
13. nước nào 14. mất bao lâu 15. Chúc 16. Chắc là

Chương 2

Khách sạn

호텔

사진으로 Việt Nam 엿보기

Bước I. 회화

Bước II. 응용 표현

배운 표현, 이렇게도 바꿔 쓴다!

Bước III. 연습 문제

베트남어 제대로 써먹는다!

베트남에서 더위 식히는 방법

더운 날씨 때문일까요? 커피와 열대 과일의 천국이기 때문일까요?
베트남은 음료 종류가 다양해서 카페에 가면 고민이 됩니다.
더운 날씨에 지칠 때 시원한 음료 한잔하며 쉬어 가세요.

커피 cà phê 까 페

베트남은 세계적인 커피 생산국입니다. 덕분에
맛있는 커피를 저렴한 가격에 마실 수 있어요.
길거리 현지 커피부터 스타벅스 같은 글로벌
브랜드 카페까지 다양한 커피를 즐길 수 있습니다.
베트남 프랜차이즈 카페로는 Highlands 하이랜드,
Trung Nguyên 쭝 응우옌, Cộng cà phê 꽁 까 페
등이 있습니다. 달콤한 연유 커피로 여행의 피로를
풀어 보세요.

베트남에서 가장 대중적인 커피 메뉴

- 아이스 블랙커피 cà phê đen đá 까 페 댄 다
  (커피+설탕)
- 아이스 연유 커피 cà phê sữa đá 까 페 쓰어 다

과일 음료

생과일 주스와 과일에 연유, 설탕, 얼음을 함께
갈아 만드는 과일 스무디가 있어요. 두세 가지
과일을 섞어서 만들기도 합니다.

대표 생과일 주스 nước ép 느억 앱

- 오렌지 주스 nước cam 느억 깜
- 파인애플 주스 nước dứa 느억 즈어

대표 과일 스무디 sinh tố 씽 또

- 딸기 스무디 sinh tố dâu 씽 또 저우
- 망고 스무디 sinh tố xoài 씽 또 쏘아이

우리나라에서 쉽게 맛볼 수 없는 과일

- 커스터드 애플 măng cầu 망 꺼우
- 사포딜라 hồng xiêm 홍 씨엠
- 두리안 sầu riêng 써우 지엥

밀크티 trà sữa 짜 쓰어

요즘 베트남에서 인기가 아주 많은 음료입니다. 밀크티에 알갱이 모양의 타피오카 펄을 추가해서 먹는 버블티 trà sữa trân châu 짜 쓰어 쩐 쩌우를 젊은 사람들이 많이 찾습니다. 이를 증명하듯 베트남에는 밀크티 가게가 아주 많습니다. Phúc Long 푹 롱, Boba pop 보바 팝, The alley 더 알리, Ding tea 딩 티, TocoToco 토코토코, Royaltea 로열티 등이 유명해요.

째 chè

베트남 사람들이 즐겨 먹는 디저트입니다. 곱게 간 얼음에 코코넛 밀크와 각종 토핑을 섞어 먹는, 달콤하고 시원한 베트남식 빙수예요. 토핑은 검은콩, 녹두, 팥, 연꽃 씨, 젤리 등 다양합니다. 어떤 째를 먹을지 고르기 어려울 때는 여러 가지 토핑이 섞인 째텁껌 chè thập cẩm을 시키세요. 한번에 다양한 맛을 볼 수 있습니다.

Thủ tục nhận phòng (1)
투 뚝 년 펑 몰

S: Somi / N: Nhân viên lễ tân
년 비엔 레 떤

nhận phòng 체크인하다	Somi đang làm thủ tục nhận phòng ở quầy lễ tân khách sạn. 소미 당 람 투 뚝 년 펑 어 꾸어이 레 떤 카익 싼.
quầy lễ tân 프런트	**N** Xin chào. Chị đã đặt phòng trước chưa ạ? 씬 짜오. 찌 다 닫 펑 쯔억 쯔어 아?
đặt phòng 방을 예약하다	**S** Chào anh. Tôi đã đặt phòng qua Agoda rồi. 짜오 아잉. 또이 다 닫 펑 꾸아 아고다 조이.
qua ~을 통해서	**N** Chị tên là gì ạ? 찌 뗀 라 지 아?
	S Tôi tên là Kim Somi. 또이 뗀 라 김 소미.
	N Chị cho tôi xem hộ chiếu. 찌 쩌 또이 쌤 호 찌에우.
	S Đây ạ. 더이 아.
	N Xin vui lòng đợi một chút. Chị đặt phòng đơn phải không ạ? 씬 부이 렁 더이 몯 쭏. 찌 닫 펑 던 파이 콩 아?
phòng đơn 싱글룸	
	S Dạ, phải. 자, 파이.
thanh toán 결제하다	**N** Chị muốn thanh toán như thế nào ạ? 찌 무온 타잉 또안 니으 테 나오 아?
bằng ~로써 (수단, 방법)	**S** Tôi sẽ thanh toán bằng thẻ tín dụng. 또이 쌔 타잉 또안 방 태 띤 중.
thẻ tín dụng 신용카드	**N** Phòng của chị số 910 và đây là chìa khóa phòng. 펑 꾸어 찌 쏘 찐 몯 콩 바 더이 라 찌어 코아 펑.
lúc mấy giờ? 몇 시에?	**S** Vâng. Tôi phải trả phòng lúc mấy giờ? 벙. 또이 파이 짜 펑 룩 머이 저?
trả phòng 체크아웃하다	**N** Chị phải trả phòng trước 12 giờ trưa ạ. 찌 파이 짜 펑 쯔억 므이 하이 저 쯔어 아.

체크인 (1)

S: 소미 / **N**: 프런트 직원

소미는 호텔 프런트에서 체크인하고 있다.

N 안녕하세요. 방 예약하셨나요?

S 안녕하세요. 아고다 통해서 예약했습니다.

N 성함이 어떻게 되세요?

S 제 이름은 김소미입니다.

N 여권 보여 주세요.

S 여기요.

N 잠시만 기다려 주세요.
싱글룸 예약한 거 맞으시죠?

S 맞아요.

N 결제는 어떻게 하시겠어요?

S 신용카드로 결제할게요.

N 손님 방은 910호이고 여기 방 열쇠입니다.

S 네. 몇 시에 체크아웃해야 하나요?

N 낮 12시 전까지 체크아웃하셔야 합니다.

추천하는 숙소 위치

여행에서 시간을 효율적으로 사용하려면 숙소 위치가
매우 중요합니다.

하노이는 호안끼엠 호수 근처에 호텔, 식당, 관광 명소가
몰려 있어 이곳으로 숙소를 예약하는 것이 편리합니다.

다낭은 한강의 드래곤 브릿지(용다리)를 기준으로 시내와
미케 비치로 나뉘는데, 관광객들은 미케 비치 근처를
선호합니다.

호찌민시는 관광 명소, 여행자 거리, 쇼핑센터 등이 1군에
몰려 있으니, 1군이나 1군과 가까운 3군에 위치한 숙소를
예약하는 것이 좋아요.

Thủ tục nhận phòng (2)

투 뚝 년 펑 하이

S: Somi / N: Nhân viên lễ tân
년 비엔 레 떤

nhân viên lễ tân 프런트 직원 **dịch vụ** 서비스 **dậy** 일어나다, 눈을 뜨다 **gọi** (전화) 걸다; 부르다; 주문하다 **đánh thức** (잠을) 깨우다	Somi hỏi nhân viên lễ tân về dịch vụ khách sạn. 소미 허이 년 비엔 레 떤 베 직 부 카익 싼. **S** Sáng mai tôi muốn dậy sớm. Anh có thể gọi để đánh thức tôi được không? 쌍 마이 또이 무온 저이 썸. 아잉 꺼 테 거이 데 다잉 특 또이 드억 콩? **N** Dạ, được. Chị muốn dậy lúc mấy giờ ạ? 자, 드억. 찌 무온 저이 룩 머이 저 아? **S** Khoảng 7 giờ. 코앙 바이 저. **N** Vâng, tôi biết rồi ạ. 벙, 또이 비엣 조이 아.
bữa sáng 아침 식사 (= điểm tâm sáng) **phục vụ** (서비스를) 제공하다, 봉사하다; 서비스 **nhận** 받다 **phiếu** 표, 쿠폰	**S** Bữa sáng bắt đầu từ mấy giờ thế, anh? 브어 쌍 밧 더우 뜨 머이 저 테, 아잉? **N** Bữa sáng được phục vụ từ 7 giờ đến 10 giờ. Chị đã nhận phiếu ăn sáng chưa ạ? 브어 쌍 드억 푹 부 뜨 바이 저 덴 므어이 저. 찌 다 년 피에우 안 쌍 쯔어 아? **S** Chưa, tôi chưa nhận được. 쯔어, 또이 쯔어 년 드억. **N** Phiếu ăn sáng của chị đây ạ. 피에우 안 쌍 꾸어 찌 더이 아. **S** Cảm ơn anh. 깜 언 아잉.
tầng 층 **nhé** 문장 끝에 붙여 가벼운 요청, 제안할 때 사용	**N** Sáng mai chị mang phiếu này xuống nhà hàng ở tầng 1 nhé. 쌍 마이 찌 망 피에우 나이 쑤옹 냐 항 어 떵 못 냬. **S** Anh có thể mang đồ lên phòng giúp tôi được không? 아잉 꺼 테 망 도 렌 펑 줍 또이 드억 콩? **N** Vâng, được ạ. 벙, 드억 아.

체크인 (2)

S: 소미 / N: 프런트 직원

소미는 프런트 직원에게 호텔 서비스에 대해 물어본다.

S 내일 아침에 일찍 일어나고 싶어요.
전화로 깨워 주실 수 있나요?

N 네, 가능합니다.
몇 시에 일어나실 거예요?

S 7시쯤이요.

N 네, 알겠습니다.

S 아침 식사는 몇 시부터 시작인가요?

N 아침 식사는 7시부터 10시까지 제공됩니다.
아침 식사 쿠폰 받으셨나요?

S 아니요, 아직 못 받았어요.

N 손님 아침 식사 쿠폰 여기 있습니다.

S 감사합니다.

N 내일 아침에 이 쿠폰을 가지고 1층에 있는
식당으로 내려오세요.

S 짐을 방까지 옮겨 주실 수 있나요?

N 네, 가능합니다.

호텔 보증금

체크인을 할 때, 숙소에서 보증금을 요구하기도
합니다. 문제가 없으면, 체크아웃할 때 돌려줍니다.
카드로 내는 경우 전표가 매입되지 않거나, 보통
2~3주 뒤 결제가 취소됩니다.

Bài 3

MP3. C2-B3

Dịch vụ khách sạn (1)

직 부 카익 싼 몯

S: Somi / **N**: Nhân viên khách sạn
년 비엔 카익 싼

giặt là 세탁	Somi muốn sử dụng dịch vụ giặt là. 소미 무온 쓰 중 직 부 잗 라.
	S Chào anh. 짜오 아잉.
	N Dạ, tôi có thể giúp gì được cho chị? 자, 또이 꺼 테 줍 지 드억 쩌 찌?
	S Tôi muốn sử dụng dịch vụ giặt là. 또이 무온 쓰 중 직 부 잗 라.
đồ giặt 세탁물, 빨래	**N** Dạ, đồ giặt có nhiều không, chị? 자, 도 잗 꺼 니에우 콩, 찌?
	S Không nhiều. Hai chiếc váy đầm và một chiếc áo sơ mi thôi.
chiếc 벌, 대 (옷가지, 차량, 기계 등의 앞에 쓰는 종별사)	콩 니에우. 하이 찌엑 바이 덤 바 몯 찌엑 아오 써 미 토이.
váy đầm 원피스	**N** Một lát nữa sẽ có nhân viên lên phòng của chị để lấy đồ. 몯 랃 느어 쌔 꺼 년 비엔 렌 펑 꾸어 찌 데 러이 도.
áo sơ mi 셔츠	**S** Váy đầm thì phải giặt khô, còn áo sơ mi thì cần là. Có được không ạ?
một lát nữa 잠시 후에	바이 덤 티 파이 잗 코, 껀 아오 써 미 티 껀 라. 꺼 드억 콩 아?
giặt khô 드라이클리닝하다	**N** Dạ, được. 자, 드억.
là 다림질하다 (남부에서는 ủi 우이)	**S** Cảm ơn anh. Khi nào tôi có thể nhận lại đồ giặt?
khi nào 언제	깜 언 아잉. 키 나오 또이 꺼 테 년 라이 도 잗?
mất (시간이) 걸리다; 잃다	**N** Thường thì mất hai ngày. 트엉 티 먿 하이 응아이.
	S Thế thôi. Vì lâu quá nên tôi không muốn giặt nữa. 테 토이. 비 러우 꾸아 넨 또이 콩 무온 잗 느어.

호텔 서비스 (1)

S: 소미 / **N**: 호텔 직원

소미는 세탁 서비스를 이용하고 싶다.

S 안녕하세요.

N 네, 무엇을 도와드릴까요?

S 세탁 서비스를 이용하고 싶어요.

N 네, 세탁물이 많은가요?

S 많지 않아요.
원피스 두 벌이랑 셔츠 하나예요.

N 잠시 후에 직원이 옷을 가지러 방으로
올라갈 겁니다.

S 원피스는 드라이클리닝을 해야 하고,
셔츠는 다림질이 필요해요.
가능할까요?

N 네, 가능합니다.

S 감사합니다.
세탁물은 언제 받을 수 있나요?

N 보통 이틀 걸립니다.

S 그럼 됐어요.
너무 오래 걸리니까 안 할게요.

Bài 4

MP3. C2-B4

Dịch vụ khách sạn (2)
직 부 카익 싼 하이

S: Somi / **D:** Dịch vụ phòng
직 부 펑

dịch vụ phòng
룸서비스
để
~하기 위해서(목적, 방법);
두다
a-lô
여보세요
~ xin nghe
~입니다(전화 받을 때)

Somi gọi điện cho dịch vụ phòng để gọi thức ăn.
소미 거이 디엔 쩌 직 부 펑 데 거이 특 안.

D A-lô, dịch vụ phòng xin nghe.
알−로, 직 부 펑 씬 응애.

S Chào anh, đây là phòng 910.
Tôi muốn gọi bữa tối.
짜오 아잉, 더이 라 펑 찐 몯 콩. 또이 무온 거이 브어 또이.

D Dạ, chị muốn dùng gì ạ?
자, 찌 무온 중 지 아?

sa lát
샐러드
mì ý
파스타, 스파게티
rượu vang
와인
đủ
충분하다
đồ ăn
음식

S Cho tôi một sa lát, một mì ý và một cốc rượu vang.
쩌 또이 몯 싸 랃, 몯 미 이 바 몯 꼭 지에우 방.

D Còn gì nữa không, chị?
껀 지 느어 콩, 찌?

S Thế là đủ rồi.
Anh có thể mang đồ ăn lên phòng tôi ngay được
không ạ?
테 라 두 조이. 아잉 꺼 테 망 도 안 렌 펑 또이 응아이 드억 콩 아?

mang lên
가지고 가다,
가지고 올라가다
gõ
두드리다
ai đấy?
누구세요?

D Dạ, được. Chúng tôi sẽ mang lên ngay.
자, 드억. 쭝 또이 쌔 망 렌 응아이.

(20 phút sau, nhân viên gõ cửa.)
(하이 므어이 푿 싸우, 년 비엔 거 끄어.)

S Ai đấy?
아이 더이?

D Dịch vụ phòng ạ.
Tôi có thể vào được không?
직 부 펑 아. 또이 꺼 테 바오 드억 콩?

mời vào
들어오세요

S Vâng, mời vào.
Anh để đồ ăn lên bàn kia cho tôi.
벙, 머이 바오. 아잉 데 도 안 렌 반 끼어 쩌 또이.

호텔 서비스 (2)

S: 소미 / **D**: 룸서비스

소미는 음식을 주문하기 위해 룸서비스에 전화한다.

D 여보세요, 룸서비스입니다.

S 안녕하세요, 910호입니다.
저녁 식사를 주문하고 싶은데요.

D 네, 무엇을 드시겠어요?

S 샐러드 하나, 파스타 하나 그리고 와인 한 잔 주세요.

D 더 있으신가요?

S 그 정도면 충분해요.
지금 바로 방으로 가져다주시겠어요?

D 네. 바로 가지고 가겠습니다.

(20분 후, 직원이 문을 두드린다.)

S 누구세요?

D 룸서비스입니다.
들어가도 될까요?

S 네, 들어오세요.
음식은 저 테이블 위에 놔 주세요.

Tiện nghi
띠엔 응이

S: Somi / **N**: Người khác
응으어이 카익

tập thể dục
운동하다	Somi đang nói chuyện với một người khách khác tại phòng tập thể dục của khách sạn.
소미 당 너이 쭈이엔 버이 몯 응으어이 카익 칵 따이 펑 떱 테 죽 꾸어 카익 싼.

N Chị đến thành phố Hồ Chí Minh để du lịch phải không?
찌 덴 타잉 포 호 찌 밍 데 주 릭 파이 콩?

S Vâng, còn anh?
벙, 껀 아잉?

công tác
출장

N Tôi đi công tác.
Khi đi công tác, tôi luôn luôn đặt phòng ở khách sạn này.
또이 디 꽁 딱. 키 디 꽁 딱, 또이 루온 루온 닫 펑 어 카익 싼 나이.

S Tại sao?
따이 싸오?

đầy đủ
충분한
tiện nghi
편의 시설; 편리한
hồ bơi
수영장
xông hơi
사우나

N Vì khách sạn này đầy đủ tiện nghi như phòng họp, hồ bơi, phòng xông hơi.
비 카익 싼 나이 더이 두 띠엔 응이 니으 펑 헙, 호 버이, 펑 쏭 허이.

S Hồ bơi ở tầng mấy ạ?
호 버이 어 떵 머이 아?

~ ở tầng mấy?
~은 몇 층에 있어요?
sân thượng
옥상
mở cửa
문을 열다
ở gần đây
이 근처에
nổi tiếng
유명한

N Hồ bơi ở trên sân thượng.
호 버이 어 쩬 썬 트엉.

S Anh có biết hồ bơi mở cửa đến mấy giờ không?
아잉 꺼 비엗 호 버이 머 끄어 덴 머이 저 콩?

N Tôi cũng không biết rõ.
A, ở gần đây có một quán phở nổi tiếng.
또이 꿍 콩 비엗 저. 아, 어 건 더이 꺼 몯 꾸안 퍼 노이 띠엥.

S Thế à?
테 아?

đi thử
가 보다
(동사+thử : (동사)해 보다
ăn thử 먹어 보다)

N Đó là quán 'Phở Hoa'.
Chị nên đi thử đi.
더 라 꾸안 '퍼 호아'. 찌 넨 디 트 디.

편의 시설

S: 소미 / N: 손님

가성비 좋은 숙소 고르기

숙소를 검색할 때, 가격 대비 편의 시설이 얼마나 좋은지도 확인합니다. 동남아는 물가가 저렴해서 가성비 높은 호텔이 많습니다. 합리적인 가격으로 수영장, 헬스클럽, 라운지 바, 스파 등을 이용해 보세요.

소미는 호텔 헬스클럽에서 다른 손님과 이야기를 하고 있다.

N 호찌민시에 여행 오신 건가요?

S 네, 당신은요?

N 저는 출장 왔어요.
출장 올 때, 저는 항상 이 호텔을 예약해요.

S 왜요?

N 회의실, 수영장, 사우나 같은 편의 시설이 충분히 갖춰져 있어서요.

S 수영장은 몇 층에 있나요?

N 수영장은 옥상에 있어요.

S 수영장 몇 시까지 여는지 아세요?

N 저도 잘 모르겠어요.
아, 이 근처에 유명한 쌀국수 식당이 하나 있어요.

S 그래요?

N '포호아' 식당이에요.
가 보세요.

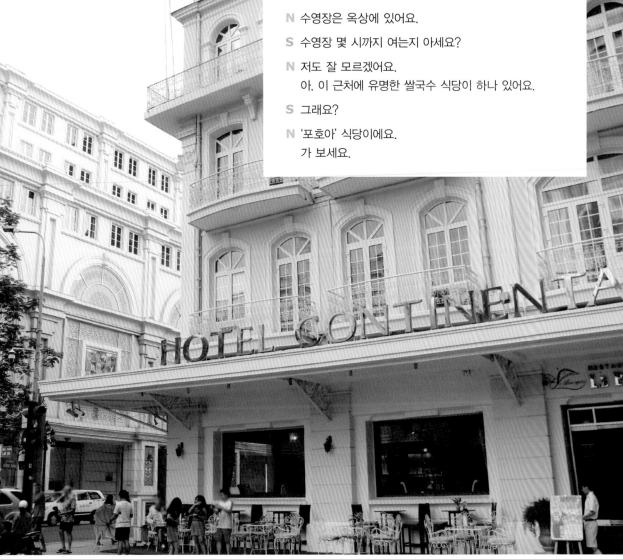

Bài 6

Phàn nàn
판 난

S: Somi / **N**: Nhân viên lễ tân
년 비엔 레 떤

Somi gọi điện cho quầy lễ tân.
소미 거이 디엔 찌 꾸어이 레 떤.

s A-lô, đây là phòng 910.
알-로, 더이 라 펑 찐 몯 콩.

N Tôi có thể giúp gì được cho chị?
또이 꺼 테 쥽 지 드억 쩌 찌?

phòng tắm
욕실

s Anh ơi, phòng tắm không có nước nóng.
아잉 어이, 펑 땀 콩 꺼 느억 넝.

N Thế ạ? Xin lỗi chị ạ.
Tôi sẽ cho người đến kiểm tra ngay.
테 아? 씬 로이 찌 아. 또이 쌔 쩌 응으어이 덴 끼엠 짜 응아이.

s Anh đổi phòng khác cho tôi được không ạ?
아잉 도이 펑 칵 쩌 또이 드억 콩 아?

để tôi ~
제가 ~할게요
trống
빈

N Để tôi kiểm tra phòng còn trống.
데 또이 끼엠 짜 펑 껀 쫑.

s Cảm ơn anh.
깜 언 아잉.

N À... Có rồi.
Bây giờ chị có thể ở phòng 901.
아... 꺼 조이. 버이 저 찌 꺼 테 어 펑 찐 콩 몯.

chuyển sang
바꾸다, 옮기다, 넘어가다

s Thế tôi chuyển sang phòng đó.
테 또이 쭈이엔 쌍 펑 더.

N Dạ, vâng ạ
Chị có còn cần gì nữa không ạ?
자, 벙 아. 찌 꺼 껀 껀 지 느어 콩 아?

s Thế là được rồi.
테 라 드억 조이.

불편 사항

S: 소미 / **N**: 프런트 직원

소미는 프런트 데스크에 전화한다.

S 여보세요, 910호입니다.

N 무엇을 도와드릴까요?

S 저기요, 욕실에 뜨거운 물이 나오지 않아요.

N 그래요? 죄송합니다.
사람을 보내서 바로 확인하겠습니다.

S 다른 방으로 바꿔 주실 수 있나요?

N 제가 빈방이 있는지 확인하겠습니다.

S 감사합니다.

N 아... 있네요.
지금 901호에 묵으실 수 있어요.

S 그럼 그 방으로 옮길게요.

N 네, 알겠습니다.
더 필요하신 게 있나요?

S 그 정도면 됐어요.

Bài 7

Đặt phòng
닫 펑

S: Somi / N: Nhân viên lễ tân
년 비엔 레 떤

Somi đặt phòng khách sạn khác qua điện thoại.
소미 닫 펑 카익 싼 칵 꾸아 디엔 토아이.

N A-lô. Khách sạn Sen xin nghe.
알−로. 카익 싼 쌘 씬 응애.

S Chào anh. Tôi muốn đặt phòng.
짜오 아잉. 또이 무온 닫 펑.

đêm
밤; ~박(숙박할 때)

N Chị sẽ ở mấy đêm ạ?
찌 쌔 어 머이 뎀 아?

S Tôi ở 3 đêm.
또이 어 바 뎀.

N Khi nào chị sẽ đến đây ạ?
키 나오 찌 쌔 덴 더이 아?

S Ngày mai tôi sẽ đến.
응아이 마이 또이 쌔 덴.

phòng đôi
더블룸

N Chị muốn loại phòng nào?
Phòng đơn hay phòng đôi ạ?
찌 무온 로아이 펑 나오? 펑 던 하이 펑 도이 아?

S Phòng đơn. Trong phòng có điều hòa không, anh?
펑 던. 쩡 펑 꺼 디에우 호아 콩, 아잉?

N Dạ, có.
자, 꺼.

S Phòng đơn bao nhiêu tiền một đêm?
펑 던 바오 니에우 띠엔 몯 뎀?

N Phòng đơn 700.000 đồng một đêm ạ.
펑 던 바이 짬 응인 동 몯 뎀 아.

S Vâng. Tôi biết rồi.
벙. 또이 비엗 조이.

số điện thoại
전화번호

N Chị cho tôi biết tên và số điện thoại của chị ạ.
찌 쩌 또이 비엗 뗀 바 쏘 디엔 토아이 꾸어 찌 아.

방 예약

S: 소미 / N: 프런트 직원

소미는 전화로 다른 호텔을 예약한다.

N 여보세요. 센 호텔입니다.

S 안녕하세요. 방을 예약하고 싶은데요.

N 몇 박 묵으실 거예요?

S 3박이요.

N 여기에 언제 오세요?

S 내일 갈 거예요.

N 어떤 방을 원하세요?
   싱글룸인가요 더블룸인가요?

S 싱글룸이요. 방에 에어컨 있어요?

N 네, 있습니다.

S 싱글룸은 1박에 얼마예요?

N 싱글룸은 1박에 70만 동입니다.

S 네. 알겠습니다.

N 손님의 성함과 전화번호를 알려 주세요.

더블룸? 트윈룸?

호텔을 예약할 때, 더블룸과 트윈룸이 헷갈리는
경우가 있습니다. 더블룸은 2인용 침대가 1개,
트윈룸은 1인용 침대가 2개 있는 방입니다.

Thủ tục trả phòng

투 뚝 짜 펑

S: Somi / **N**: Nhân viên lễ tân
년 비엔 레 떤

Somi đang làm thủ tục trả phòng ở quầy lễ tân khách sạn.
소미 당 람 투 뚝 짜 펑 어 꾸어이 레 떤 카익 싼.

S Tôi muốn trả phòng.
또이 무온 짜 펑.

hài lòng
만족하다

N Chị có hài lòng về các dịch vụ của khách sạn không ạ?
찌 꺼 하이 렁 베 깍 직 부 꾸어 카익 싼 콩 아?

S Có, tôi thấy tất cả đều tốt.
Các nhân viên rất thân thiện.
꺼, 또이 터이 떧 까 데우 똗. 깍 년 비엔 젇 턴 티엔.

thân thiện
친절한

hóa đơn
영수증
tổng cộng
총계, 총합계
phí
비용, 요금

N Cảm ơn chị. Đây là hóa đơn của chị ạ.
Tổng cộng là 3.800.000 đồng.
깜 언 찌. 더이 라 호아 던 꾸어 찌 아. 똥 꽁 라 바 찌에우 땀 짬 응인 동.

S Phí này là phí gì vậy, anh?
피 나이 라 피 지 버이, 아잉?

thưa+호칭
〜님(윗사람에게 사용)

N Đó là phí dịch vụ phòng, thưa chị.
더 라 피 직 부 펑, 트어 찌.

gửi đồ
물건을 맡기다;
물건을 보내다

S A, tôi hiểu rồi. Tôi có thể gửi đồ ở lễ tân đến 6 giờ chiều được không?
아, 또이 히에우 조이. 또이 꺼 테 그이 도 어 레 떤 덴 싸우 저 찌에우 드억 콩?

N Dạ, được. Chị để hành lý ở đây ạ.
Chị làm ơn đưa tôi chìa khóa phòng.
자, 드억. 찌 데 하잉 리 어 더이 아. 찌 람 언 드어 또이 찌어 코아 펑.

đưa
건네주다

để quên
(깜빡하여) 두고 오다

S Trời ơi! Tôi để quên chìa khóa trong phòng rồi.
쩌이 어이! 또이 데 꾸엔 찌어 코아 쩡 펑 조이.

N Chúng tôi sẽ kiểm tra.
쭝 또이 쌔 끼엠 짜.

gọi tắc xi
택시를 부르다

S Anh gọi tắc xi giúp tôi được không?
아잉 거이 딱 씨 줍 또이 드억 콩?

N Dạ, được.
자, 드억.

체크아웃

S: 소미 / **N**: 프런트 직원

소미는 호텔 프런트에서 체크아웃하고 있다.

S 체크아웃하고 싶어요.

N 호텔 서비스에 대해 만족하셨나요?

S 네, 저는 전부 좋았어요.
직원분들이 친절했어요.

N 감사합니다. 여기 손님 영수증입니다.
전부 380만 동입니다.

S 이건 무슨 요금이죠?

N 그것은 룸서비스 요금입니다.

S 아, 이해했어요. 오후 6시까지 프런트에
짐을 맡길 수 있을까요?

N 됩니다. 짐 여기에 두세요.
저에게 방 열쇠 주세요.

S 이런! 열쇠를 방에 두고 왔어요.

N 저희가 확인해 보겠습니다.

S 택시 좀 불러 주실 수 있어요?

N 네, 가능합니다.

레이트 체크아웃(Late Check-out) 서비스

보통 11시 이전에 체크아웃하는데, 프런트에 미리 요청하면
객실 상황에 따라 더 늦게 할 수도 있습니다. 무료이거나
추가 요금을 받습니다.

\# 제 이름은 김소미입니다.

Tôi tên là Kim Somi.
또이 뗀 라 김 소미.

Tên tôi là Kim Somi.
뗀 또이 라 김 소미.

\# 아침 식사는 몇 시부터 시작인가요?

Bữa sáng bắt đầu từ mấy giờ thế, anh?
브어 쌍 받 더우 뜨 머이 저 테, 아잉?

Điểm tâm sáng bắt đầu từ mấy giờ thế, anh?
디엠 떰 쌍 받 더우 뜨 머이 저 테, 아잉?

\# 무엇을 도와드릴까요?

Tôi có thể giúp gì được cho chị?
또이 꺼 테 줍 지 드억 쩌 찌?

(무엇이 필요하세요?)

Chị cần gì ạ?
찌 껀 지 아?

\# 그 정도면 충분해요.

Thế là đủ rồi.
테 라 두 조이.

Thế thôi.
테 토이.

Thế là được rồi.
테 라 드억 조이.

여기에 언제 오세요?

Khi nào chị sẽ đến đây ạ?

키 나오 찌 쌔 덴 더이 아?

Bao giờ chị sẽ đến đây ạ?

바오 저 찌 쌔 덴 더이 아?

Chị sẽ đến đây vào ngày nào ạ?

찌 쌔 덴 더이 바오 응아이 나오 아?

왜요?

Tại sao?

따이 싸오?

Vì sao?

비 싸오?

결제는 어떻게 하시겠어요?

Chị muốn thanh toán như thế nào ạ?

찌 무온 타잉 또안 니으 테 나오 아?

Chị muốn thanh toán bằng cách nào ạ?

찌 무온 타잉 또안 방 까익 나오 아?

이건 무슨 요금이죠?

Phí này là phí gì vậy, anh?

피 나이 라 피 지 버이, 아잉?

Tiền này là tiền gì vậy, anh?

띠엔 나이 라 띠엔 지 버이, 아잉?

베트남어 제대로 써먹는다!

1 신용카드로 결제할게요.

> Tôi sẽ thanh toán _____.

2 몇 시에 체크아웃해야 하나요?

> Tôi phải trả phòng _____ ?

3 방 예약하셨나요?

> Chị đã _____ trước chưa ạ?

4 네, 들어오세요.

> Vâng, _____.

5 세탁 서비스를 이용하고 싶어요.

> Tôi muốn sử dụng _____.

6 성함이 어떻게 되세요?

> Chị tên _____ ạ?

7 여보세요, 룸서비스입니다.

> _____, dịch vụ phòng _____.

8 소미는 호텔 프런트에서 체크인하고 있다.

> Somi đang làm thủ tục _____ ở quầy lễ tân khách sạn.

답안 >>
1. bằng thẻ tín dụng 2. lúc mấy giờ 3. đặt phòng 4. mời vào
5. dịch vụ giặt là 6. là gì 7. A-lô / xin nghe 8. nhận phòng

9 편의 시설이 충분히 갖춰져 있어서요.

🡆 Vì khách sạn này đầy đủ _____ .

10 수영장은 몇 층에 있나요?

🡆 Hồ bơi _____ ạ?

11 세탁물은 언제 받을 수 있나요?

🡆 _____ tôi có thể nhận lại đồ giặt?

12 택시 좀 불러 주실 수 있어요?

🡆 Anh _____ giúp tôi được không?

13 이 근처에 유명한 쌀국수 식당이 하나 있어요.

🡆 _____ có một quán phở nổi tiếng.

14 몇 박 묵으실 거예요?

🡆 Chị sẽ ở _____ ạ?

15 손님의 성함과 전화번호를 알려 주세요.

🡆 Chị cho tôi biết ____ và _____ của chị ạ.

16 열쇠를 방에 두고 왔어요.

🡆 Tôi _____ chìa khóa trong phòng rồi.

9. tiện nghi 10. ở tầng mấy 11. Khi nào 12. gọi tắc xi
13. Ở gần đây 14. mấy đêm 15. tên / số điện thoại 16. để quên

Chương 3

음식 & 음료

Thức ăn & Đồ uống

베트남의 면 요리

우리나라에 가장 많이 알려진 베트남 음식으로는
따끈한 국물이 있는 쌀국수 phở ^퍼가 있습니다.
베트남에는 퍼 외에도 다양한 면 요리가 있어요.
어떤 것들이 있는지 알아볼게요.

퍼 phở

퍼는 베트남 어디에서나 쉽게 볼 수 있는
음식이에요. 진한 국물, 부드러운 쌀면,
채소 그리고 고기가 조화를 이룹니다.
채소는 지역에 따라 조금씩 다르게
들어가요.
소고기가 들어가면 phở bò ^{퍼 버},
닭고기가 들어가면 phở gà ^{퍼 가}입니다.
소고기 쌀국수는 고기를 익힌 정도에 따라
살짝 익힌 phở bò tái ^{퍼 버 따이},
완전히 익힌 phở bò chín ^{퍼 버 찐}이
있습니다.
길쭉하게 튀긴 빵 quẩy ^{꾸어이}이 있는
가게도 있는데, 이 빵을 쌀국수 국물에
찍어 먹으면 별미랍니다.

분짜 bún chả

분짜는 우리나라에서 인기 있는 베트남 북부
음식입니다. 퍼보다 얇은 쌀면, 숯불에 구운
돼지고기, 고기 완자, 신선한 채소를 nước
mắm ^{느억 맘}이라는 소스에 담가서 함께
먹으면, 새콤달콤한 맛이 입맛을 돋웁니다.
여기에 튀긴 스프링롤 nem ^냄을 곁들여
보세요.

분보후에 bún bò Huế

베트남 중부 지방 도시 후에 Huế를 대표하는
쌀국수입니다. 다른 도시에서도 얼마든지 맛볼
수 있습니다. 퍼와는 달리 국물이 빨갛고 살짝
매운 편입니다. 보통 선지가 들어 있고, 채 썬
바나나 꽃잎을 넣어 먹는다는 점이 특징입니다.

미싸오 mì xào

여러 재료와 함께 면을 볶은 요리입니다.
간편하고 대중적인 음식이라 편의점에서
즉석으로 만들어 주기도 합니다. 주재료에 따라
해산물 볶음면 mì xào hải sản 미 싸오 하이 싼,
소고기 볶음면 mì xào bò 미 싸오 버,
계란 볶음면 mì xào trứng 미 싸오 쯩 등이
있습니다. 어떤 재료를 선택하든 어디에서 먹든
기본 맛을 보장하는 메뉴로, 간장이나 칠리
소스를 살짝 뿌려 먹으면 더 맛있어요.

미꽝 mì quảng

중부에서 즐겨 먹는 면 요리입니다. 넓적한
면과 자작한 국물 소스가 특징입니다. 보통
구운 라이스 페이퍼를 같이 주는데, 이것을
부수어 넣고 국수와 함께 비벼 먹어 보세요.
바삭한 식감과 고소한 맛이 더해집니다.

Tại nhà hàng (1)
따이 냐 항 몯

S: Somi / H: Huyền / N: Nhân viên
년 비엔

Somi cùng đi ăn tối với Huyền.
소미 꿍 디 안 또이 버이 후이엔.

N Chào chị. Chị đi mấy người ạ?
짜오 찌. 찌 디 머이 응으어이 아?

주어+đi+숫자+người
(숫자) 명이요
(식당에서 일행이
몇 명인지 말하는 표현)

S Chị đi hai người.
찌 디 하이 응으어이.

N Dạ, mời chị ngồi đây ạ.
자, 머이 찌 응오이 더이 아.

thực đơn
메뉴, 식단

S Cho chị xem thực đơn.
쩌 찌 쌤 특 던.

đói
배고픈

H Tớ đói quá. Cậu muốn ăn gì?
떠 더이 꾸아. 꺼우 무온 안 지?

ngon
맛있는

nhất
가장

A+형용사+nhất
A가 가장 ~하다 (최상급)

nổi tiếng
유명한

cơm rang
볶음밥
(남부에서는
cơm chiên 껌 찌엔)

hải sản
해산물

rau muống
모닝글로리 (공심채)

gọi món
음식을 주문하다
* 음식점에서 주문할 때,
음식이나 음료 앞의
종별사를 생략할 수 있다.

S Cậu có biết món nào ngon nhất ở đây không?
꺼우 꺼 비엗 먼 나오 응언 녇 어 더이 콩?

H Nhà hàng này nổi tiếng với bún chả.
냐 항 나이 노이 띠엥 버이 분 짜.

S Thế thì tớ ăn bún chả. Còn cậu?
테 티 떠 안 분 짜. 껀 꺼우?

H Tớ muốn ăn cơm rang hải sản.
떠 무온 안 껌 장 하이 싼.

S Gọi thêm một đĩa rau muống xào tỏi nhé.
Em ơi, cho chị gọi món!
거이 템 몯 디어 자우 무옹 싸오 떠이 냬. 앰 어이, 쩌 찌 거이 먼!

N Chị muốn gọi món gì ạ?
찌 무온 거이 먼 지 아?

H Cho chị một bún chả, một cơm rang hải sản và
một rau muống xào tỏi.
쩌 찌 몯 분 짜. 몯 껌 장 하이 싼 바 몯 자우 무옹 싸오 떠이.

uống
마시다

N Vâng, hai chị có uống nước gì không ạ?
벙, 하이 찌 꺼 우옹 느억 지 콩 아?

S Cho tôi một trà đá và một cô-ca.
쩌 또이 몯 짜 다 바 몯 꼬–까.

음식점에서 (1)

S: 소미 / **H**: 후이엔 / **N**: 직원

소미는 후이엔과 함께 저녁을 먹으러 갔다.

N 어서 오세요. 몇 분이세요?

S 두 명이요.

N 네, 여기 앉으세요.

S 메뉴 보여 주세요.

H 너무 배고프다. 너 뭐 먹고 싶어?

S 너 여기서 어떤 음식이 제일 맛있는지 알아?

H 이 음식점은 분짜로 유명해.

S 그럼 나는 분짜 먹을래. 너는?

H 나는 해산물 볶음밥 먹고 싶어.

S 모닝글로리 볶음도 한 접시 시키자.
저기요, 주문할게요!

N 무엇을 주문하시겠어요?

H 분짜 하나, 해산물 볶음밥 하나 그리고
모닝글로리 볶음 한 접시 주세요.

N 네, 두 분 음료는 무엇으로 하시겠어요?

S 얼음 넣은 차랑 콜라 하나 주세요.

고수를 빼고 싶으면?

동남아 음식에 고수가 많이 들어갑니다.
베트남 음식도 그렇죠! 빼고 싶을 때는,
"Không rau mùi. 콩 자우 무이."라고 말하세요.

Tại nhà hàng (2)
따이 냐 항 하이

S: Somi / H: Huyền / N: Nhân viên
년 비엔

Một lát sau, món ăn được mang lên.
몯 랃 싸우. 먼 안 드억 망 렌.

s Bún chả ngon quá.
분 짜 응언 꾸아.

nhạt
싱겁다

H Cơm rang hơi nhạt.
껌 장 허이 냗.

nước tương
간장
thìa
숟가락
(남부에서는
muỗng 무옹)

s Em ơi! Cho chị thêm một chút nước tương.
앰 어이! 쩌 찌 템 몯 쭏 느억 뜨엉.

H Với cả đổi thìa cho chị được không?
버이 까 도이 티어 쩌 찌 드억 콩?

N Vâng, chị chờ một lát ạ.
벙. 찌 쩌 몯 랃 아.

nem rán
스프링롤 튀김

s Tớ muốn gọi thêm một đĩa nem rán.
떠 무온 거이 템 몯 디어 냄 잔.

ăn hết
다 먹다

H Chúng ta ăn hết được không?
쭝 따 안 헫 드억 콩?

tất nhiên
당연히, 물론

s Tất nhiên rồi.
떧 니엔 조이.

(Sau khi ăn xong)
(싸우 키 안 썽)

no
배부르다
tính tiền
계산하다
trả tiền
돈을 내다

H Tớ no quá.
Em ơi, tính tiền cho chị!
떠 너 꾸아. 앰 어이. 띵 띠엔 쩌 찌!

s Hôm nay tớ sẽ trả tiền.
홈 나이 떠 쌔 짜 띠엔.

tính riêng
각자 계산하다,
따로 계산하다

H Sao vậy? Tính riêng đi.
싸오 버이? 띵 지엥 디.

s Không sao.
Em ơi, tổng cộng là bao nhiêu?
콩 싸오. 앰 어이. 똥 꽁 라 바오 니에우?

N Tổng cộng là 234.000 đồng, chị ạ.
똥 꽁 라 하이 짬 바 므어이 본 응인 동, 찌 아.

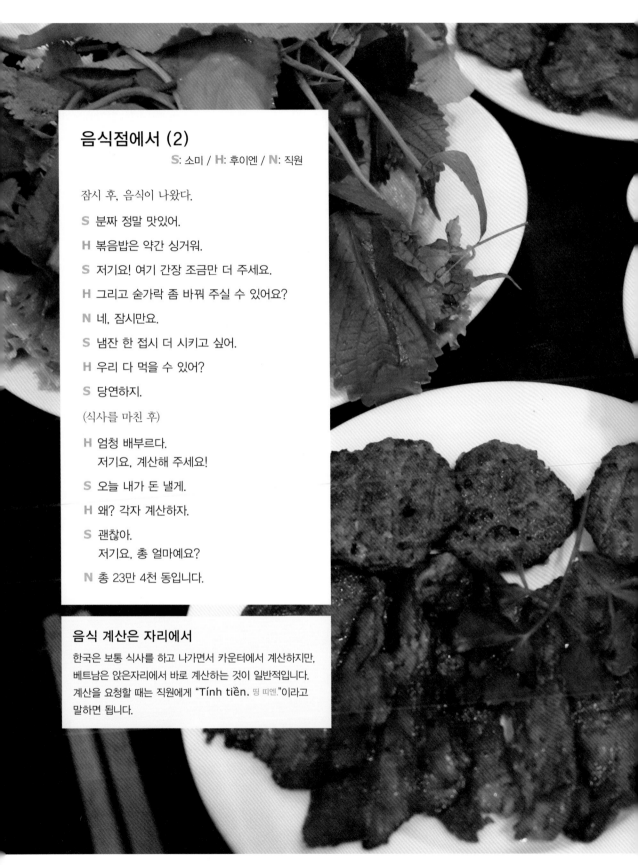

음식점에서 (2)

S: 소미 / **H**: 후이엔 / **N**: 직원

잠시 후, 음식이 나왔다.

S 분짜 정말 맛있어.

H 볶음밥은 약간 싱거워.

S 저기요! 여기 간장 조금만 더 주세요.

H 그리고 숟가락 좀 바꿔 주실 수 있어요?

N 네, 잠시만요.

S 냄잔 한 접시 더 시키고 싶어.

H 우리 다 먹을 수 있어?

S 당연하지.

(식사를 마친 후)

H 엄청 배부르다.
저기요, 계산해 주세요!

S 오늘 내가 돈 낼게.

H 왜? 각자 계산하자.

S 괜찮아.
저기요, 총 얼마예요?

N 총 23만 4천 동입니다.

음식 계산은 자리에서

한국은 보통 식사를 하고 나가면서 카운터에서 계산하지만,
베트남은 앉은자리에서 바로 계산하는 것이 일반적입니다.
계산을 요청할 때는 직원에게 "Tính tiền. 띵 띠엔."이라고
말하면 됩니다.

Tại quán cà phê (1)

따이 꾸안 까 페 몯

S: Somi / M: Mạnh / N: Nhân viên

년 비엔

Somi và Mạnh đi uống cà phê.

소미 바 마잉 디 우옹 까 페.

khát nước
목마르다, 갈증 나다

S Trời nóng quá. Tớ thấy khát nước.

쩌이 넝 꾸아. 떠 터이 칻 느억.

M Cậu muốn uống gì?

꺼우 무온 우옹 지?

cà phê đen
블랙커피
(cà phê 커피,
đen 검은)

S Tớ muốn uống cà phê đen.

떠 무온 우옹 까 페 댄.

nóng
뜨거운

M Nóng hay đá?

넝 하이 다?

đá
얼음

S Tớ muốn uống đá.

떠 무온 우옹 다.

cà phê sữa
연유 커피
(cà phê 커피,
sữa 우유; 연유)

M Tớ thích cà phê sữa đá hơn cà phê đen đá.

떠 틱 까 페 쓰어 다 헌 까 페 댄 다.

S Tớ thấy cà phê sữa quá ngọt.

떠 터이 까 페 쓰어 꾸아 응얻.

ngọt
달다
(đắng 쓰다, mặn 짜다,
cay 맵다, chua 시다)

M Cậu ăn trưa chưa?

꺼우 안 쯔어 쯔어?

S Chưa.

쯔어.

bánh mì
빵; 바게트
(bành mì+재료명:
해당 속재료가 들어간
바게트 샌드위치)

M Thế thì chúng ta ăn thêm bánh mì ốp la nữa đi.
Cậu ăn được rau mùi không?

테 티 쭝 따 안 템 바잉 미 옵 라 느어 디. 꺼우 안 드억 자우 무이 콩?

ốp la
달걀 프라이

S Không, tớ không ăn được rau mùi.

콩, 떠 콩 안 드억 자우 무이.

rau mùi
고수
(남부에서는 ngò 응어)

M Tớ biết rồi.
Em ơi, cho anh một cà phê đen đá, một cà phê sữa đá và hai bánh mì ốp la, không rau mùi.

떠 비엗 조이.
앰 어이, 쩌 아잉 몯 까 페 댄 다, 몯 까 페 쓰어 다 바 하이 바잉 미 옵 라, 콩 자우 무이.

N Dạ, vâng ạ.

자, 벙 아.

카페에서 (1)

S: 소미 / **M**: 마잉 / **N**: 직원

소미와 마잉은 커피를 마시러 갔다.

S 날씨 너무 덥다. 목말라.

M 너 뭐 마실래?

S 난 블랙커피 마시고 싶어.

M 핫 아니면 아이스?

S 아이스 마시고 싶어.

M 난 아이스 블랙커피보다 아이스 연유 커피가 더 좋아.

S 아이스 연유 커피는 너무 달아.

M 너 점심 먹었어?

S 아직.

M 그럼 우리 달걀 프라이 반미도 먹자.
너 고수 먹을 수 있어?

S 아니, 나 고수 못 먹어.

M 알았어.
저기요, 아이스 블랙커피 하나, 아이스 연유 커피 하나,
그리고 달걀 프라이 반미 두 개 주세요. 고수는 빼고요.

N 네, 알겠습니다.

베트남식 바게트, 반미

반미는 쌀로 만든 바게트에 다양한
속 재료를 넣어 만든 샌드위치입니다.
먹기 간편하고 배를 든든하게 채울 수
있어서 아침 등굣길, 출근길에 많이
사 갑니다. 속 재료에 따라 가격이 다른데,
보통 2만 동(약 1,000원) 내외입니다.

Bài 4
Tại quán cà phê (2)
따이 꾸안 까 페 하이

P: Phương / **S**: Somi / **N**: Nhân viên
년 비엔

Somi đang chọn đồ uống ở quán cà phê.
소미 당 쩐 도 우옹 어 꾸안 까 페.

vẫn 아직, 여전히	**P** Sao cậu vẫn chưa gọi? 싸오 꺼우 번 쯔어 거이?
	S Ở đây có nhiều loại quá. Tớ không biết chọn gì. 어 더이 꺼 니에우 로아이 꾸아. 떠 콩 비엗 쩐 지.
sinh tố+과일 ~과일 스무디 * **nước**+과일 ~과일 주스 **dâu** 딸기 **trà sữa** 밀크티 **khoai môn** 타로	**P** Thế sinh tố dâu thì thế nào? 테 씽 또 저우 티 테 나오?
	S Ừm... Hôm nay tớ không muốn uống sinh tố. Cậu uống trà sữa khoai môn bao giờ chưa? 음... 홈 나이 떠 콩 무온 우옹 씽 또. 꺼우 우옹 짜 쓰어 코아이 몬 바오 저 쯔어?
	P Rồi. Ngon lắm. 조이. 응언 람.
	S Thế hôm nay tớ uống thử trà sữa khoai môn. 테 홈 나이 떠 우옹 트 짜 쓰어 코아이 몬.
	P Em ơi, cho chị hai trà sữa khoai môn. 앰 어이, 쩌 찌 하이 짜 쓰어 코아이 몬.
cỡ 사이즈	**N** Dạ, chị muốn uống cỡ nào ạ? 자, 찌 무온 우옹 꺼 나오 아?
vừa 보통, 중간(크기); 맞다; 어울리다 **đường** 설탕	**S** Cỡ vừa. 꺼 브어.
	N Chị muốn ít đường hay nhiều đường ạ? 찌 무온 잍 드엉 하이 니에우 드엉 아?
	S Nhiều đường, ít đá. 니에우 드엉, 잍 다.
trân châu (버블티의) 타피오카 펄	**N** Chị muốn thêm trân châu không ạ? 찌 무온 템 쩐 쩌우 콩 아?
	S Ừ, cho chị thêm trân châu. 으, 쩌 찌 템 쩐 쩌우.
	N Hóa đơn của chị là 78.000 đồng ạ. 호아 던 꾸어 찌 라 바이 므어이 땀 응인 동 아.

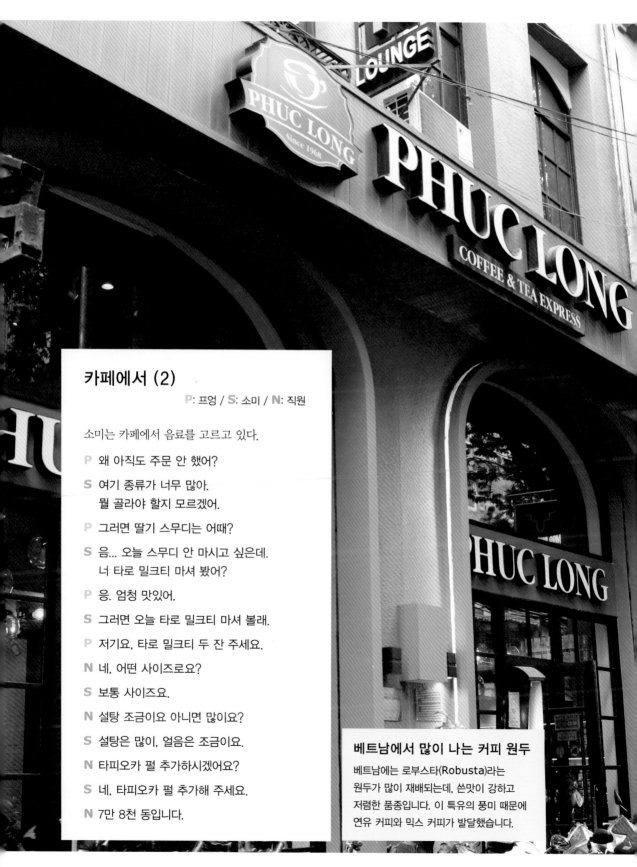

카페에서 (2)

P: 프엉 / **S**: 소미 / **N**: 직원

소미는 카페에서 음료를 고르고 있다.

P 왜 아직도 주문 안 했어?

S 여기 종류가 너무 많아.
뭘 골라야 할지 모르겠어.

P 그러면 딸기 스무디는 어때?

S 음... 오늘 스무디 안 마시고 싶은데.
너 타로 밀크티 마셔 봤어?

P 응. 엄청 맛있어.

S 그러면 오늘 타로 밀크티 마셔 볼래.

P 저기요, 타로 밀크티 두 잔 주세요.

N 네, 어떤 사이즈로요?

S 보통 사이즈요.

N 설탕 조금이요 아니면 많이요?

S 설탕은 많이, 얼음은 조금이요.

N 타피오카 펄 추가하시겠어요?

S 네, 타피오카 펄 추가해 주세요.

N 7만 8천 동입니다.

베트남에서 많이 나는 커피 원두

베트남에는 로부스타(Robusta)라는
원두가 많이 재배되는데, 쓴맛이 강하고
저렴한 품종입니다. 이 특유의 풍미 때문에
연유 커피와 믹스 커피가 발달했습니다.

Bài 5

Tại quán rượu
따이 꾸안 지에우

S: Somi / **M**: Mạnh / **P**: Phương

Somi đi uống bia với hai người bạn.
소미 디 우옹 비어 버이 하이 응으어이 반.

hay
좋은; 재미있는

S Quán rượu này hay quá.
꾸안 지에우 나이 하이 꾸아.

quán quen
단골 가게

M Quán rượu này là quán quen của tớ.
꾸안 지에우 나이 라 꾸안 꾸앤 꾸어 떠.

đông người
사람이 북적이다,
사람이 많다

S Đông người thật.
동 응으어이 털.

M Cậu muốn uống gì?
꺼우 무온 우옹 지?

cốc tai
칵테일

P Tớ sẽ uống cốc tai. Còn Somi?
떠 쌔 우옹 꼭 따이. 껀 소미?

bia
맥주

S Tớ muốn uống bia.
떠 무온 우옹 비어.

bia tươi
생맥주

M Bia tươi ở quán này ngon lắm.
비어 뜨어이 어 꾸안 나이 응언 람.

đồ nhắm
안주

P Chúng ta gọi đồ nhắm gì?
쭝 따 거이 도 냠 지?

khoai tây chiên
감자튀김
(khoai tây 감자,
chiên 튀기다)

S Tớ muốn ăn khoai tây chiên và mực khô.
떠 무온 안 코아이 떠이 찌엔 바 믁 코.

mực khô
마른오징어
(mực 오징어,
khô 마른)

M Ừ, cậu gọi đi.
으, 꺼우 거이 디.

(Họ nâng cốc lên.)
(허 넝 꼭 렌.)

lâu rồi
오래되다

P Chúng ta đã lâu rồi không gặp nhau.
쭝 따 다 러우 조이 콩 갑 냐우.

nhớ
그리워하다, 기억하다

M Tớ nhớ cậu quá.
떠 녀 꺼우 꾸아.

Tất cả Một, hai, ba... Dô!
몯, 하이, 바... 조!

술집에서

S: 소미 / **M**: 마잉 / **P**: 프엉

소미는 두 명의 친구와 함께 맥주를 마시러 갔다.

S 이 술집 엄청 괜찮다.

M 이 술집은 내 단골 가게야.

S 사람이 정말 많네.

　　뭐 마시고 싶어?

P 나는 칵테일 마실래. 소미는?

S 나는 맥주 마시고 싶어.

M 이 집 생맥주 되게 맛있어.

P 우리 안주는 뭐 시킬까?

S 나 감자튀김이랑 마른오징어 먹고 싶어.

M 응, 시켜.

(그들은 잔을 들었다.)

　　우리 못 만난 지 오래됐어. (오랜만이야.)

　　네가 엄청 보고 싶었어.

모두 하나, 둘, 셋... 짠!

베트남에서 맥주 한잔할 때

베트남에서 맥주를 주문하면 냉장고에서 시원한 맥주를 꺼내거나, 상온 보관하던 맥주를 얼음을 넣은 컵과 함께 줍니다. 맥주를 마실 때는 보통 상대의 술잔이 비기 전에 계속 채워 줍니다.

Tại cửa hàng ăn nhanh
따이 끄어 항 안 냐잉

L: Lâm / **S**: Somi / **N**: Nhân viên
년 비엔

cửa hàng ăn nhanh 패스트푸드점 (đồ ăn nhanh 도안냐잉 패스트푸드)	Somi và Lâm đến một cửa hàng ăn nhanh để ăn trưa. 소미 바 럼 덴 몯 끄어 항 안 냐잉 데 안 쯔어.

L Cửa hàng này mới mở.

Tớ nghe nói hamburger ở đây rất ngon.

끄어 항 나이 머이 머. 떠 응애 너이 함 버 거 어 더이 젇 응언.

mới mở
개업하다, 새로 열다
nghe nói ~
~라고 들었다

S Tớ sẽ gọi burger gà.

떠 쌔 거이 버 거 가.

L Tớ cũng vậy.

떠 꿍 버이.

S Tớ muốn ăn burger với khoai tây chiên và cô-ca.

떠 무온 안 버 거 버이 코아이 떠이 찌엔 바 꼬–까.

L Thế gọi combo đi.

Combo bao gồm khoai tây chiên và cô-ca.

테 거이 콤 보 디. 콤 보 바오 곰 코아이 떠이 찌엔 바 꼬–까.

bao gồm
포함하다

S Được! Tớ muốn gọi thêm một miếng gà rán nữa.

Trông có vẻ ngon.

드억! 떠 무온 거이 템 몯 미엥 가 잔 느어. 쫑 꺼 배 응언.

miếng
조각
gà rán
치킨
(gà 닭, rán 튀기다)
trông có vẻ ~
~해 보이다, ~한 듯하다
đùi gà
닭다리

L Tớ biết rồi. Em ơi, cho anh hai combo burger gà và một đùi gà rán.

떠 비엗 조이. 앰 어이, 쩌 아잉 하이 콤 보 버 거 가 바 몯 두이 가 잔.

N Anh muốn cỡ vừa hay cỡ lớn ạ?

아잉 무온 꺼 브어 하이 꺼 런 아?

L Cỡ lớn.

꺼 런.

mang về
가지고 가다

N Vâng. Anh ăn ở đây hay mang về ạ?

벙. 아잉 안 어 더이 하이 망 베 아?

L Ở đây.

어 더이.

N Dạ, tất cả là 215.000 đồng ạ.

자, 떧 까 라 하이 짬 므어이 람 응안 동 아.

패스트푸드점에서

L: 럼 / **S**: 소미 / **N**: 직원

소미와 럼은 점심을 먹으러 패스트푸드점에 간다.

L 이 가게 새로 생긴 거야.
여기 햄버거가 맛있다고 들었어.

S 나는 치킨버거 시킬래.

L 나도.

S 감자튀김이랑 콜라랑 같이 햄버거 먹고 싶다.

L 그러면 콤보 시켜.
콤보는 감자튀김이랑 콜라 포함이야.

S 좋아! 난 치킨 한 조각 더 시키고 싶어.
맛있어 보여.

L 알았어. 저기요, 치킨버거 세트 두 개랑
닭다리 하나 주세요.

N 보통 사이즈요 아니면 큰 사이즈요?

L 큰 사이즈요.

N 네. 여기서 드실 건가요 아니면 포장하실 건가요?

L 여기서요.

N 네, 전부 21만 5천 동입니다.

밥도 파는 베트남 패스트푸드점

베트남 패스트푸드점에는 밥을 팝니다.
밥과 함께 치킨이나 구운 고기, 달걀 프라이
등이 나오는 세트가 있습니다. 든든한 한 끼를
원한다면 밥이 나오는 메뉴를 주문해 보세요.

Tại siêu thị
따이 씨에우 티

S: Somi / **H**: Huyền

siêu thị 슈퍼마켓, 마트	Huyền cùng đi siêu thị với Somi. 후이엔 꿍 디 씨에우 티 버이 소미.
	S Siêu thị này lớn quá! 씨에우 티 나이 런 꾸아!
mua sắm 쇼핑하다, 물건을 사다	**H** Tớ thường đến đây mua sắm. 떠 트엉 덴 더이 무어 쌈.
	S Hôm nay cậu đến đây để mua gì? 홈 나이 꺼우 덴 더이 데 무어 지?
thịt bò 소고기(thịt 고기, bò 소) **giảm giá** 할인하다, 값을 내리다 **may** 행운; 운 좋은 **nấu** 요리하다	**H** Tớ cần mua thịt bò, mì gói và hành tây. Hôm nay thịt bò được giảm giá. May quá! 떠 껀 무어 틷 버, 미 거이 바 하잉 떠이. 홈 나이 틷 버 드억 잠 자. 마이 꾸아!
	S Tối nay cậu định nấu món gì? 또이 나이 꺼우 딩 너우 먼 지?
	H Mì xào bò. Cậu thích sa lát không? 미 싸오 버. 꺼우 틱 싸 랃 콩?
	S Tớ thích lắm. 떠 틱 람.
	H Thế tớ phải mua thêm để làm sa lát. 테 떠 파이 무어 템 데 람 싸 랃.
nguyên liệu 재료, 원료 **dưa chuột** 오이(남부에서는 **dưa leo** 즈어 래오) **sốt** 소스 **món tráng miệng** 디저트 **bánh quy** 쿠키, 비스킷 **vừa A vừa B** A하면서 B하다 (A, B가 동사: 두 동작이 함께 발생 A, B가 형용사: 두 상태가 동시 존재)	**S** Các nguyên liệu của sa lát là gì? 깍 응우이엔 리에우 꾸어 싸 랃 라 지?
	H Cà chua, dưa chuột và xà lách. 까 쭈어, 즈어 쭈옫 바 싸 라익.
	S Cậu cần sốt sa lát không? 꺼우 껀 쏟 싸 랃 콩?
	H Ở nhà tớ có rồi nên không cần mua nữa. Còn món tráng miệng thì sao? 어 냐 떠 꺼 조이 넨 콩 껀 무어 느어. 껀 먼 짱 미엥 티 싸오?
	S Bánh quy đi! Chúng ta sẽ vừa xem ti vi vừa ăn bánh quy này nhé. 바잉 꾸이 디! 쭝 따 쌔 브어 쌤 띠 비 브어 안 바잉 꾸이 나이 냬.

마트에서

S: 소미 / H: 후이엔

후이엔은 소미와 함께 마트에 갔다.

S 이 마트 정말 크다!

H 나는 보통 쇼핑하러 여기 와.

S 오늘 뭐 사려고 여기 왔어?

H 소고기, 라면 그리고 양파를 사야 해.
  오늘 소고기 할인한다. 운이 좋네!

S 오늘 저녁에 뭐 요리할 거야?

H 소고기볶음 라면. 너 샐러드 좋아해?

S 엄청 좋아해.

H 그러면 샐러드 만들 재료도 더 사야겠다.

S 샐러드 재료는 뭐야?

H 토마토, 오이 그리고 양상추야.

S 샐러드 드레싱 필요해?

H 우리 집에 있어서 살 필요 없어.
  디저트는 어떻게 하지?

S 쿠키로 하자! 우리 TV 보면서 이 쿠키 먹자.

Bài 8

Mua hoa quả
무어 호아 꾸아

S: Somi / **N:** Người bán hàng rong
응으어이 반 항 정

bán hàng rong 노점상	Somi đang mua hoa quả trên đường. 소미 당 무어 호아 꾸아 쩬 드엉.
(hoa) quả 과일 (남부에서는 trái cây 짜이 꺼이)	**S** Chị ơi, cho em hai miếng dứa. Dứa có ngọt không, chị? 찌 어이, 쩌 앰 하이 미엥 즈어. 즈어 꺼 응얻 콩, 찌?
dứa 파인애플 (남부에서는 thơm 텀)	**N** Có, ngọt lắm. 꺼, 응얻 람.
đu đủ 파파야	**S** Quả này là đu đủ phải không ạ? 꾸아 나이 라 두 두 파이 콩 아?
	N Đúng rồi, em. 둥 조이, 앰.
xoài 망고	**S** Cho em một miếng đu đủ nữa. Quả nào là xoài ạ? 쩌 앰 몯 미엥 두 두 느어. 꾸아 나오 라 쏘아이 아?
	N Quả này là xoài. 꾸아 나이 라 쏘아이.
chín 익다	**S** Xoài này chín chưa, chị? 쏘아이 나이 찐 쯔어, 찌?
	N Chưa chín, còn xanh. 쯔어 찐, 껀 싸잉.
xoài xanh 그린 망고 (덜 익은 망고)	**S** Em thích xoài chín hơn xoài xanh. 앰 틱 쏘아이 찐 헌 쏘아이 싼.
chấm (양념, 소스 등을) 찍다 muối ớt 소금과 고춧가루를 섞은 것 cắt 자르다	**N** Xoài xanh chấm muối ớt ngon lắm. Em ăn thử đi. 쏘아이 싸잉 쩜 무오이 얻 응언 람. 앰 안 트 디.
	S Vâng, chị cắt xoài ra giúp em ạ. Tổng cộng là bao nhiêu tiền vậy, chị? 벙, 찌 깓 쏘아이 자 쥽 앰 아. 똥 꽁 라 바오 니에우 띠엔 버이, 찌?
	N Của em là 40.000 đồng. 꾸어 앰 라 본 므어이 응안 동.

과일 사기

S: 소미 / N: 노점상인

소미는 길에서 과일을 사는 중이다.

S 저기요, 파인애플 두 조각 주세요.
파인애플 달아요?

N 그럼요, 아주 달아요.

S 이 과일 파파야 맞죠?

N 맞아요.

S 파파야도 한 조각 주세요.
어떤 과일이 망고예요?

N 이게 망고예요.

S 이 망고 익었어요?

N 아직 안 익었어요.

S 저는 덜 익은 망고보다 익은 망고가 더 좋아요.

N 덜 익은 망고를 소금이랑 고춧가루 섞은 것에
찍어 먹으면 아주 맛있어요.
한 번 먹어 봐요.

S 네, 망고 좀 잘라 주세요.
전부 얼마예요?

N 4만 동이에요.

망고와 소금?

우리는 잘 익은 노란색 망고를 좋아하지만,
베트남 사람들은 덜 익은 그린 망고를
좋아합니다. 그린 망고를 소금과 고춧가루
섞은 것(muối ớt 무오이 엇)에 찍어 먹습니다.
한번 시도해 보세요.

\# 메뉴 보여 주세요.

Cho chị xem thực đơn.

쩌 찌 쌤 특 던.

Cho chị xem menu.

쩌 찌 쌤 메누.

\# 오늘 내가 돈 낼게.

Hôm nay tớ sẽ trả tiền.

홈 나이 떠 쌔 짜 띠엔.

Hôm nay tớ mời.

홈 나이 떠 머이.

Hôm nay tớ đãi.

홈 나이 떠 다이.

\# 각자 계산하자.

Tính riêng đi.

띵 지엥 디.

(내 것은 내가 계산할게.)

Để tớ tự trả.

데 떠 뜨 짜.

\# 총 23만 4천 동입니다.

Tổng cộng là 234.000 đồng, chị ạ.

똥 꽁 라 하이 짬 바 므어이 본 응안 동, 찌 아.

Tất cả là 234.000 đồng, chị ạ.

떧 까 라 하이 짬 바 므어이 본 응안 동, 찌 아.

92

이 술집은 내 단골 가게야.

Quán rượu này là quán quen của tớ.
꾸안 지에우 나이 라 꾸안 꾸앤 꾸어 떠.

Quán rượu này là quán tớ hay tới.
꾸안 지에우 나이 라 꾸안 떠 하이 떠이.

그들은 잔을 들었다.

Họ nâng cốc lên.
허 넝 꼭 렌.

Họ cùng nhau nâng cốc.
허 꿍 냐우 넝 꼭.

이 가게 새로 생긴 거야.

Cửa hàng này mới mở.
끄어 항 나이 머이 머.

Cửa hàng này mới khai trương.
끄어 항 나이 머이 카이 쯔엉.

맛있어 보여.

Trông có vẻ ngon.
쫑 꺼 배 응언.

Trông có vẻ hấp dẫn.
쫑 꺼 배 헙 전.

베트남어 제대로 써먹는다!

1 우리 다 먹을 수 있어?

➡ Chúng ta _____ được không?

2 당연하지.

➡ _____ rồi.

3 각자 계산하자.

➡ _____ đi.

4 너 점심 먹었어?

➡ Cậu _____ ?

5 핫 아니면 아이스?

➡ _____ hay _____ ?

6 나 고수 못 먹어.

➡ Tớ _____ rau mùi.

7 우리 못 만난 지 오래됐어. (오랜만이야.)

➡ Chúng ta đã _____ không gặp nhau.

8 운이 좋네!

➡ _____ quá!

답안 >>
1. ăn hết 2. Tất nhiên 3. Tính riêng 4. ăn trưa chưa
5. Nóng / đá 6. không ăn được 7. lâu rồi 8. May

9   우리 TV 보면서 이 쿠키 먹자.

🗨 Chúng ta sẽ _____ xem ti vi _____ ăn bánh quy này nhé.

10   여기 햄버거가 맛있다고 들었어.

🗨 Tớ _____ hamburger ở đây rất ngon.

11   이 망고 익었어요?

🗨 Xoài này _____ chưa?

12   여기서 드실 건가요 아니면 포장하실 건가요?

🗨 Anh ăn _____ hay _____ ạ?

13   저기요, 계산해 주세요!

🗨 Em ơi, _____ cho chị!

14   이 음식점은 분짜로 유명해.

🗨 Nhà hàng này _____ với bún chả.

15   너 여기서 어떤 음식이 제일 맛있는지 알아?

🗨 Cậu có biết món nào _____ ở đây không?

16   저기요, 주문할게요!

🗨 Em ơi, cho chị _____!

9. vừa / vừa   10. nghe nói   11. chín   12. ở đây / mang về
13. tính tiền   14. nổi tiếng   15. ngon nhất   16. gọi món

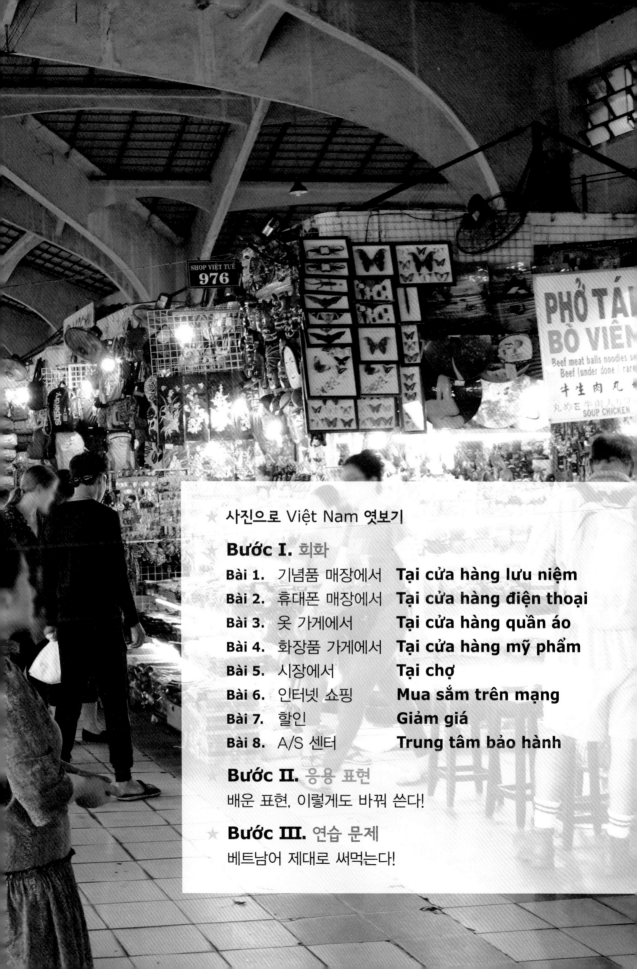

베트남에서 쇼핑하기

베트남 쇼핑 리스트!
꼭 사 와야 할 아이템은 무엇일까요?

커피

커피는 베트남 쇼핑 목록에서 빠지지 않는
아이템이에요.
가장 유명한 믹스 커피는 G7입니다. 진하고
고소한 맛으로 인기가 좋아 요즘에는
한국에서도 쉽게 구매할 수 있어요.
네스카페의 **Café Việt** 카페 비엣도 유명한
믹스 커피입니다. 조금 더 진하고 단맛이
강해요. 우유에 타 먹으면 연유 커피와
비슷한 맛이 납니다. 최근에는 **Archcafé**
아치카페의 코코넛 카푸치노도 많이 찾습니다.
코코넛 맛을 좋아하는 분이라면 추천합니다.
커피 포장지에 3 in 1이라 적힌 것은 커피,
설탕, 크림이 모두, 2 in 1은 커피와 설탕이
들어가 있습니다.

원두커피 가루도 저렴하게 살 수 있습니다. **Trung Nguyên** 쭝 응우옌, **Highlands** 하이랜드가
유명합니다. 이 원두를 마트나 시장에서 살 수 있는 베트남 커피 드리퍼 커피핀 **cà phê phin** 까 페 핀
에 내려 보세요. 베트남 느낌이 물씬 풍길 거예요.

말린 과일

베트남 여행을 다녀올 때 생과일은 기내 반입이
불가하니 말린 과일로 대체해 보세요.
비나밋 Vinamit 제품이 유명하고, 망고, 바나나,
잭프루트, 두리안, 구아바 등이 있습니다. 그중
사람들이 많이 찾는 건 역시 망고인데, 쫀득하고
달콤한 그 맛에 계속 손이 갑니다. 작게 포장된
것도 있어 선물하기 좋습니다.

견과류

캐슈너트 hạt điều 할 디에우, 피스타치오 hạt dẻ cười 할 재 끄어이, 해바라기 씨 hạt hướng dương 할 흐엉 즈엉 등이 고소하고 맛있기로 유명합니다. 특히 캐슈너트는 껍질째 볶아서 살짝 소금 간을 한 제품이 인기가 좋아요. 고소하면서 적당히 짭짤한 맛이 맥주 안주로도 제격입니다.

라면 & 인스턴트 쌀국수

베트남의 맛과 향을 느끼고 싶다면 라면과 인스턴트 쌀국수를 한번 먹어보세요. 라면은 Hảo Hảo 하오 하오, 인스턴트 쌀국수는 Vifon 비폰의 소고기 쌀국수 Phở bò 퍼 버를 추천합니다. 이 제품들은 그릇에 내용물을 넣고 뜨거운 물을 붓기만 하면 됩니다.

논라 nón lá

삿갓 모양의 베트남 전통 모자입니다. 베트남의 강렬한 햇빛을 피하는 데 최고입니다. 기념품으로 논라 모양의 작은 모빌은 어떨까요? 걸어 두면 귀여운 인테리어 소품이 됩니다.

라탄 백

인기 있는 쇼핑 리스트 중 하나인 라탄 백은 라탄 rattan이라는 덩굴 식물의 줄기로 만든 가방입니다. 친환경 소재로 가볍고, 내구성이 좋아 실용적입니다. 가방 외에도 테이블 매트, 바구니, 원형 쟁반 등의 제품이 있으며 한국보다 매우 저렴합니다.

Bài 1

Tại cửa hàng lưu niệm
따이 끄어 항 르우 니엠

S: Somi / N: Nhân viên
년 비엔

cửa hàng lưu niệm 기념품 매장	Somi đi vào một cửa hàng lưu niệm. 소미 디 바오 몯 끄어 항 르우 니엠.
tìm 찾다	**N** Chị đang tìm gì ạ? 찌 당 띰 지 아?
móc khóa 열쇠고리	**S** Tôi đang tìm móc khóa. 또이 당 띰 먹 코아.
	N Ở đây có nhiều loại móc khóa đấy chị ạ. 어 더이 꺼 니에우 로아이 먹 코아 더이 찌 아.
hình 모양 **nón lá** 논라 (삿갓처럼 생긴 베트남 전통 모자)	**S** Có móc khóa hình nón lá không, anh? 꺼 먹 코아 힝 넌 라 콩, 아잉?
	N Dạ, có. Tôi sẽ cho chị xem. 자, 꺼. 또이 쌔 쩌 찌 쌤.
dễ thương 귀여운	**S** Dễ thương quá! Bao nhiêu tiền vậy? 제 트엉 꾸아! 바오 니에우 띠엔 버이?
nếu A thì B 만약 A라면 B이다 (가정)	**N** Một cái là 30.000 đồng. Nếu chị mua 4 cái thì tôi sẽ giảm 20.000 đồng cho chị. 몯 까이 라 바 므어이 응인 동. 네우 찌 무어 본 까이 티 또이 쌔 잠 하이 므어이 응인 동 쩌 찌.
bưu thiếp 엽서	**S** Ở đây có bán bưu thiếp không, anh? 어 더이 꺼 반 브우 티엡 콩, 아잉?
	N Có chứ. 꺼 쯔.
tấm 장 (사진, 엽서, 지도 등을 셀 때 사용하는 종별사)	**S** Cho tôi 4 cái móc khóa và 3 tấm bưu thiếp này. 쩌 또이 본 까이 먹 코아 바 바 떰 브우 티엡 나이.
	N Tổng cộng là 112.000 đồng ạ. 똥 꽁 라 몯 짬 므어이 하이 응인 동 아.
	(Somi đưa tờ 200.000 đồng.) (소미 드어 떠 하이 짬 응안 동.)
	N Chị có 2.000 đồng không? 찌 꺼 하이 응인 동 콩?
tiền lẻ 잔돈	**S** Tôi không có tiền lẻ. 또이 콩 꺼 띠엔 래.

기념품 매장에서

S: 소미 / N: 직원

소미는 한 기념품 매장에 들어간다.

N 뭐 찾으세요?

S 열쇠고리를 찾고 있어요.

N 여기에 많은 종류의 열쇠고리가 있어요.

S 논라 모양의 열쇠고리도 있나요?

N 네, 있어요. 보여 드릴게요.

S 정말 귀엽다! 얼마예요?

N 하나에 3만 동입니다. 4개 사시면 2만 동
   깎아 드릴게요.

S 여기 엽서 팔아요?

N 그럼요.

S 열쇠고리 4개랑 이 엽서 3장 주세요.

N 전부 11만 2천 동입니다.

(소미는 20만 동짜리 지폐를 낸다.)

N 2천 동 있으세요?

S 저 잔돈이 없어요.

Tại cửa hàng điện thoại
따이 끄어 항 디엔 토아이

L: Linh / S: Somi / N: Nhân viên
년 비엔

nhìn quanh
둘러보다

điện thoại
전화기, 휴대폰

* điện thoại di động
디엔 토아이 지 동
휴대폰 (정식 명칭)

sản phẩm
제품, 생산품

thay
교체하다, 갈다

quan tâm đến ~
~에 관심이 있다

thương hiệu
브랜드

bền
오래가는, 견고한

màn hình
화면, 스크린

không những A
mà còn B
A할 뿐만 아니라
B하기까지 하다

thiết kế
디자인, 설계;
디자인하다, 설계하다

pin sạc dự phòng
보조 배터리

cũ
오래된, 낡은

nhẹ
가벼운

Somi và Linh nhìn quanh cửa hàng điện thoại.
소미 바 링 닌 꾸아잉 끄어 항 디엔 토아이.

L Cửa hàng này thường có nhiều sản phẩm mới.
Tớ muốn thay điện thoại, vì cái của tớ cũ rồi.
끄어 항 나이 트엉 꺼 니에우 싼 펌 머이. 떠 무온 타이 디엔 토아이, 비 까이 꾸어 떠 꾸 조이.

N Chào chị.
Chị muốn mua điện thoại nào?
짜오 찌. 찌 무온 무어 디엔 토아이 나오?

L Tôi không quan tâm đến thương hiệu.
Tôi thích điện thoại bền.
Màn hình lớn thì càng tốt.
또이 콩 꾸안 떰 덴 트엉 히에우. 또이 틱 디엔 토아이 벤. 만 힝 런 티 깡 똗.

N Thế cái này thế nào, chị?
테 까이 나이 테 나오, 찌?

S Điện thoại này không những màn hình lớn mà còn
có thiết kế đẹp đấy.
디엔 토아이 나이 콩 니응 만 힝 런 마 껀 꺼 티엗 께 댑 더이.

L Giá bao nhiêu?
자 바오 니에우?

N Không đắt đâu.
Chỉ 5.300.000 đồng thôi.
콩 닫 더우. 찌 남 찌에우 바 짬 응인 동 토이.

S Anh ơi, ở đây có pin sạc dự phòng tốt không?
Pin sạc dự phòng cũ của tôi hơi nặng.
아잉 어이, 어 더이 꺼 삔 싹 즈 펑 똗 콩? 삔 싹 즈 펑 꾸 꾸어 또이 허이 낭.

N Dạ, đây. Chị xem thử cái này đi.
Bền nhưng nhẹ và đẹp lắm.
자, 더이. 찌 쌤 트 까이 나이 디. 벤 니응 내 바 댑 람.

휴대폰 매장에서

L: 링 / **S**: 소미 / **N**: 직원

소미와 링은 휴대폰 매장을 둘러본다.

L 이 매장은 보통 신제품이 많아.
   휴대폰 바꾸고 싶어. 왜냐하면 내 건 너무 오래됐거든.

N 안녕하세요.
   어떤 휴대폰을 원하세요?

L 저는 브랜드에는 관심이 없어요.
   튼튼한 핸드폰이 좋아요.
   화면이 크면 더 좋고요.

N 그럼 이거 어떠세요?

S 화면이 클 뿐만 아니라 디자인도 예쁘네요.

L 가격이 얼마죠?

N 비싸지 않아요.
   530만 동밖에 안 해요.

S 저기요, 여기 좋은 보조 배터리 있나요?
   제 오래된 보조 배터리는 조금 무거워요.

N 네, 여기요. 이거 한번 보세요.
   튼튼한데 가볍고 아주 예뻐요.

베트남에서 휴대폰 이용하기

베트남에서는 유심 카드를 사서 휴대폰에 꽂은 후,
별도로 충전 카드를 사서 충전해야 합니다. 충전된 금액으로
통화를 하거나 인터넷 데이터 상품을 구매하여 사용합니다.
후불로 계산하는 방법도 있지만 충전 카드가 일반적입니다.
주요 통신사는 비엣텔(Viettel), 모비폰(Mobiphone),
비나폰(Vinaphone)입니다. 유심과 충전 카드는 시내
곳곳에서 쉽게 구매할 수 있습니다. 충전 카드 구매 후,
통신사 상관없이 *100*충전 카드 번호#을 입력하고 통화
버튼을 누르면 충전됩니다.

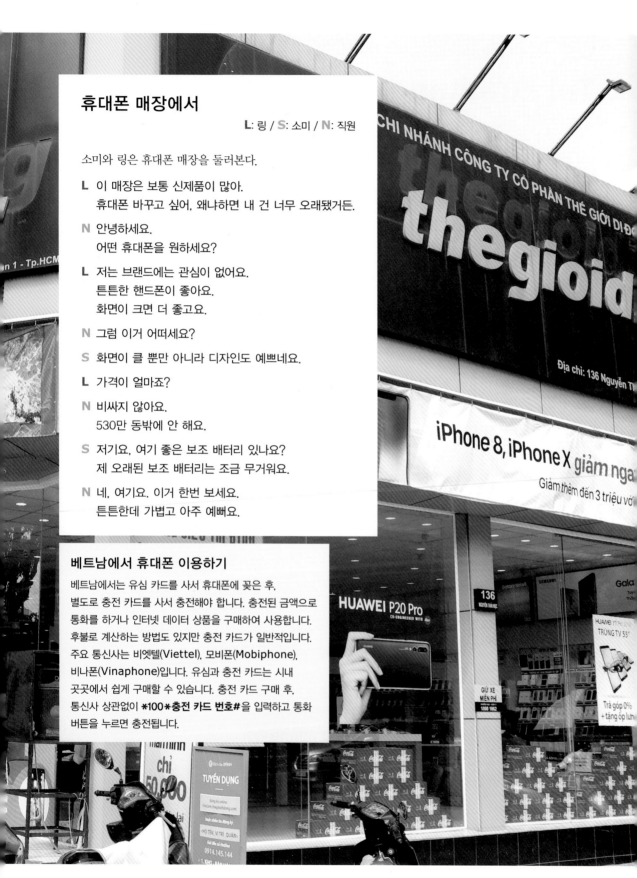

Bài 3

Tại cửa hàng quần áo
따이 끄어 항 꾸언 아오

S: Somi / **N**: Nhân viên
년 비엔

áo sơ mi nữ 블라우스	Somi muốn mua áo sơ mi nữ nên đến một cửa hàng quần áo. 소미 무온 무어 아오 써 미 느 넨 덴 몯 끄어 항 꾸언 아오.

N Chị muốn mua gì ạ?
찌 무온 무어 지 아?

S Chị muốn mua áo sơ mi nữ.
찌 무온 무어 아오 써 미 느.

N Áo này thế nào, chị?
Bây giờ kiểu này đang rất thịnh hành.
아오 나이 테 나오, 찌? 버이 저 끼에우 나이 당 졷 팅 하잉.

kiểu
스타일, 양식
thịnh hành
유행하다
màu
색깔

S Ồ, đẹp lắm. Loại này có mấy màu hả, em?
오, 댑 람. 로아이 나이 꺼 머이 마우 하, 앰?

N Có 3 màu ạ. Màu đen, màu trắng và màu đỏ.
꺼 바 마우 아. 마우 댄, 마우 짱 바 마우 더.

S Chị thấy màu trắng đẹp nhất.
Chị có thể mặc thử được không?
찌 터이 마우 짱 댑 녇. 찌 꺼 테 막 트 드억 콩?

mặc
입다

phòng thay đồ
탈의실
đằng kia
저쪽

N Dạ, phòng thay đồ ở đằng kia.
Chị mặc cỡ nào ạ?
자, 펑 타이 도 어 당 끼어. 찌 막 꺼 나오 아?

S Cho chị cỡ nhỏ.
쩌 찌 꺼 녀.

đi ra khỏi ~
~를 나가다

(5 phút sau, Somi đi ra khỏi phòng thay đồ.)
(남 푿 싸우, 소미 디 자 커이 펑 타이 도.)

hợp với ~
~과 어울리다

N Em thấy áo này hợp với chị đấy.
앰 터이 아오 나이 헙 버이 찌 더이.

chật
작은; 좁은

S Ừm... Áo này đẹp nhưng hơi chật với chị.
Có cỡ lớn hơn không, em?
음... 아오 나이 댑 니응 허이 쩓 버이 찌. 꺼 꺼 런 헌 콩, 앰?

hết
남아 있지 않다, 끝나다

N Bây giờ hết cỡ vừa rồi ạ.
버이 저 헫 꺼 브어 조이 아.

tiếc
아쉬운, 유감스러운

S Tiếc quá.
띠엑 꾸아.

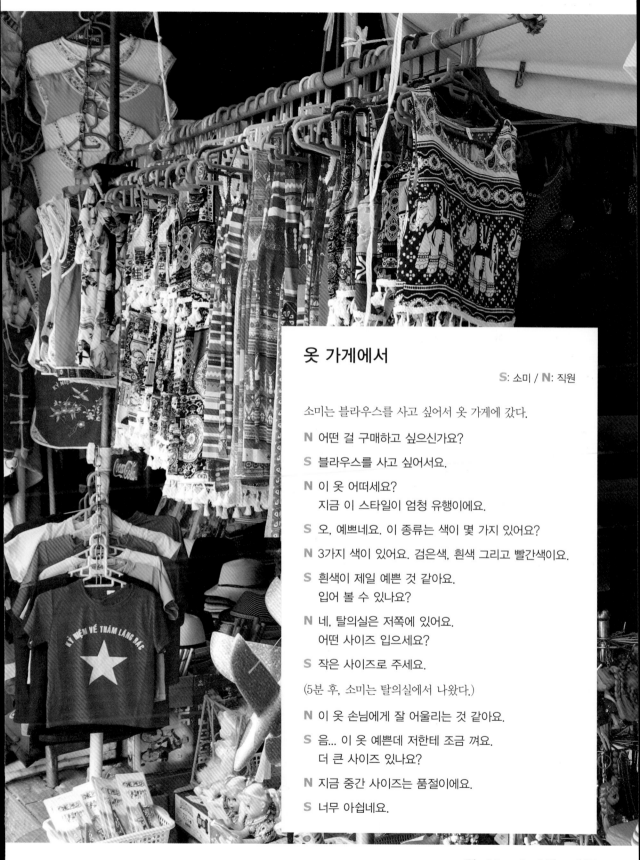

옷 가게에서

S: 소미 / **N**: 직원

소미는 블라우스를 사고 싶어서 옷 가게에 갔다.

N 어떤 걸 구매하고 싶으신가요?

S 블라우스를 사고 싶어서요.

N 이 옷 어떠세요?
지금 이 스타일이 엄청 유행이에요.

S 오, 예쁘네요. 이 종류는 색이 몇 가지 있어요?

N 3가지 색이 있어요. 검은색, 흰색 그리고 빨간색이요.

S 흰색이 제일 예쁜 것 같아요.
입어 볼 수 있나요?

N 네, 탈의실은 저쪽에 있어요.
어떤 사이즈 입으세요?

S 작은 사이즈로 주세요.

(5분 후, 소미는 탈의실에서 나왔다.)

N 이 옷 손님에게 잘 어울리는 것 같아요.

S 음... 이 옷 예쁜데 저한테 조금 껴요.
더 큰 사이즈 있나요?

N 지금 중간 사이즈는 품절이에요.

S 너무 아쉽네요.

Tại cửa hàng mỹ phẩm
따이 끄어 항 미 펌

S: Somi / N: Nhân viên
년 비엔

mỹ phẩm 화장품	Somi đến một cửa hàng mỹ phẩm. 소미 뗀 못 끄어 항 미 펌.
	N Chào chị. Chị muốn mua gì ạ? 짜오 찌. 찌 무온 무어 지 아?
kem dưỡng ẩm 수분 크림	S Chị cần kem dưỡng ẩm. 찌 껀 깸 즈엉 엄.
da 피부 thuộc ~ ~에 속하다 da khô 건성 피부 bán chạy 잘나가다, 잘 팔리다 hàng mẫu 샘플, 견본	N Da của chị thuộc loại nào ạ? 자 꾸어 찌 투옥 로아이 나오 아? S Da khô. 자 코. N Đây là sản phẩm bán chạy nhất ạ. 더이 라 싼 펌 반 짜이 녇 아. S Thế à? Có hàng mẫu không, em? Chị muốn dùng thử. 테 아? 꺼 항 머우 콩, 앰? 찌 무온 중 트.
	N Dạ có. Đây ạ. 자 꺼. 더이 아.
	S Chị thấy kem dưỡng ẩm này tốt. Lấy cho chị cái này. 찌 터이 깸 즈엉 엄 나이 뗃. 러이 쩌 찌 까이 나이.
	N Dạ. 자.
kem nền 파운데이션	S Chị muốn mua kem nền nữa. 찌 무온 무어 깸 넨 느어.
thoa 바르다	N Dạ, chị thoa thử kem nền này đi ạ. 자, 찌 토아 트 깸 넨 나이 디 아.
trông ~ ~해 보이다 mịn màng 부드러운, 매끈한	S Ôi, da của chị trông mịn màng quá. Chị sẽ mua cái này. 오이, 자 꾸어 찌 쫑 민 망 꾸아. 찌 쌔 무어 까이 나이.

화장품 가게에서

S: 소미 / N: 직원

소미는 한 화장품 가게에 갔다.

N 안녕하세요. 찾으시는 물건 있으세요?

S 수분 크림이 필요해요.

N 손님 피부는 어떤 타입에 속하나요?

S 건성 피부예요.

N 이게 가장 잘나가는 제품이에요.

S 그래요? 샘플 있어요?
  써 보고 싶어요.

N 네, 있습니다. 여기요.

S 이 수분 크림 좋은 것 같아요.
  이걸로 주세요.

N 네.

S 저 파운데이션도 사고 싶은데요.

N 네, 이 파운데이션 한번 발라 보세요.

S 오, 제 피부가 매끄러워 보여요.
  이것을 사야겠어요.

미백에 관심이 많은 베트남 여성들

베트남에서 한낮에 오토바이를 운전하는 여성들을 보면, 대부분 머리끝부터 발끝까지 꼼꼼히 가립니다. 긴팔 티셔츠, 긴 바지, 모자, 마스크 등을 착용하여 햇빛에 피부가 노출되는 것을 막으려 해요. 베트남은 미의 기준이 하얀 피부이기 때문입니다. 그래서 화장품 매장에도 미백 관련 제품들이 상당히 많습니다.

Tại chợ
따이 쩌

H: Hùng / S: Somi / N: Người bán hàng
응으어이 반 항

chợ
시장

Trước khi đi chợ, Somi nói chuyện với Hùng.
쯔억 키 디 쩌, 소미 너이 쭈이엔 버이 훙.

H Chiều nay cậu định làm gì?
찌에우 나이 꺼우 딩 람 지?

S Tớ định đi chợ Bến Thành.
떠 딩 디 쩌 벤 타잉.

H Để làm gì?
데 람 지?

túi xách
가방

cần phải
~해야 한다

trả giá
흥정하다

S Tớ muốn mua một cái túi xách nhỏ.
떠 무온 무어 몯 까이 뚜이 싸익 녀.

H Ở chợ cậu cần phải trả giá. Tớ sẽ đi với cậu.
어 쩌 꺼우 껀 파이 짜 자. 떠 쌔 디 버이 꺼우.

(Hùng đang trả giá với người bán.)
(훙 당 짜 자 버이 응으어이 반.)

đắt
비싼
(남부에서는 **mắc** 막)

bớt
깎다, 줄이다, 빼다

không ~ đâu
~가 아니다(강한 부정)

quầy
가게, 창구, 진열대

rẻ
싼, 저렴한

H Cô ơi, túi xách này hơi đắt.
Bớt cho cháu một chút được không ạ?
꼬 어이, 뚜이 싸익 나이 허이 닫. 벋 쩌 짜우 몯 쭏 드억 콩 아?

N Không đắt đâu.
콩 닫 더우.

H Quầy kia bán rẻ hơn, cô ơi.
꾸어이 끼어 반 재 헌, 꼬 어이.

N Cháu muốn bao nhiêu?
짜우 무온 바오 니에우?

H 400.000 đồng, cô ạ.
본 짬 응인 동, 꼬 아.

cháu 얘야
(어린 사람에게 쓰는 호칭);
손주; 조카

không ai ~
아무도 ~하지 않는다

N Ôi trời. Không được, cháu ơi.
Không ai bán rẻ như thế.
오이 쩌이. 콩 드억, 짜우 어이. 콩 아이 반 재 니으 테.

H Cô ơi, 500.000 đồng được không?
꼬 어이, 남 짬 응인 동 드억 콩?

N Cô bớt cho cháu 50.000 đồng nữa. Thế được chưa?
꼬 벋 쩌 짜우 남 므어이 응인 동 느어. 테 드억 쯔어?

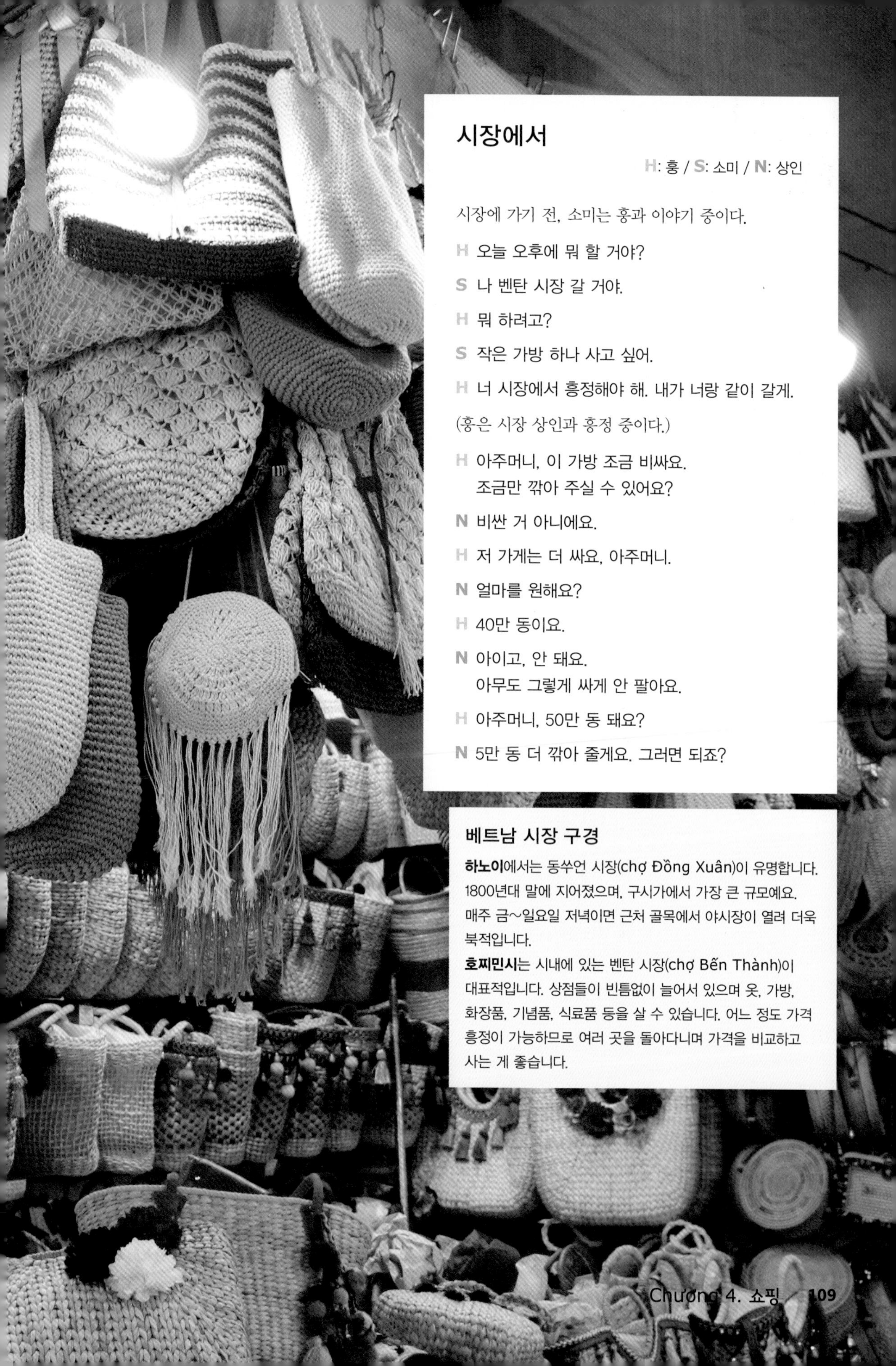

시장에서

H: 훙 / S: 소미 / N: 상인

시장에 가기 전, 소미는 훙과 이야기 중이다.

H 오늘 오후에 뭐 할 거야?

S 나 벤탄 시장 갈 거야.

H 뭐 하려고?

S 작은 가방 하나 사고 싶어.

H 너 시장에서 흥정해야 해. 내가 너랑 같이 갈게.

(훙은 시장 상인과 흥정 중이다.)

H 아주머니, 이 가방 조금 비싸요.
조금만 깎아 주실 수 있어요?

N 비싼 거 아니에요.

H 저 가게는 더 싸요, 아주머니.

N 얼마를 원해요?

H 40만 동이요.

N 아이고, 안 돼요.
아무도 그렇게 싸게 안 팔아요.

H 아주머니, 50만 동 돼요?

N 5만 동 더 깎아 줄게요. 그러면 되죠?

베트남 시장 구경

하노이에서는 동쑤언 시장(chợ Đồng Xuân)이 유명합니다.
1800년대 말에 지어졌으며, 구시가에서 가장 큰 규모예요.
매주 금~일요일 저녁이면 근처 골목에서 야시장이 열려 더욱
북적입니다.
호찌민시는 시내에 있는 벤탄 시장(chợ Bến Thành)이
대표적입니다. 상점들이 빈틈없이 늘어서 있으며 옷, 가방,
화장품, 기념품, 식료품 등을 살 수 있습니다. 어느 정도 가격
흥정이 가능하므로 여러 곳을 돌아다니며 가격을 비교하고
사는 게 좋습니다.

Mua sắm trên mạng
무어 쌈 쩬 망

S: Somi / H: Huyền

Somi đến nhà Huyền chơi.
소미 덴 냐 후이엔 쩌이.

S Cậu đang làm gì thế?
꺼우 당 람 지 테?

H Tớ đang mua sắm trên mạng.
떠 당 무어 쌈 쩬 망.

S Tớ thấy nó khá tiện lợi nên thỉnh thoảng cũng sử dụng.
떠 터이 너 카 띠엔 러이 넨 팅 토앙 꿍 쓰 중.

H Cậu thấy đôi bông tai này thế nào?
꺼우 터이 도이 봉 따이 나이 테 나오?

S Dễ thương lắm.
제 트엉 람.

H Tớ sẽ mua thêm cái này.
떠 쌔 무어 템 까이 나이.

S Phí giao hàng là bao nhiêu vậy?
피 자오 항 라 바오 니에우 버이?

H Phí giao hàng khác nhau tùy theo số lượng hàng và khu vực.
피 자오 항 칵 냐우 뚜이 태오 쏘 르엉 항 바 쿠 븍.

S Thế khi nào nhận được hàng?
테 키 나오 년 드억 항?

H Sau khi đặt hàng, tớ thường nhận được hàng trong vòng một tuần.
싸우 키 닫 항, 떠 트엉 년 드억 항 쩡 벙 몯 뚜언.

S Tớ muốn đăng ký trang web mua sắm này. Chỉ tớ biết cách đăng ký được không?
떠 무온 당 끼 짱 웹 무어 쌈 나이. 찌 떠 비엗 까익 당 끼 드억 콩?

H Được chứ. Đơn giản lắm.
드억 쯔. 던 잔 람.

---

mua sắm trên mạng
인터넷 쇼핑

tiện lợi
편리한

thỉnh thoảng
가끔, 때때로

đôi
별, 켤레
(두 개가 한 세트인 것의 종별사)

bông tai
귀걸이

giao hàng
배달하다

tùy theo ~
~에 따라

số lượng
수량

khu vực
지역

sau khi ~
~한 후

đặt hàng
(물건을) 주문하다

trong vòng ~
(시간) ~이내, ~동안

đăng ký
등록하다, 가입하다

trang web
웹 페이지, 웹 사이트

đơn giản
간단한

110

인터넷 쇼핑

S: 소미 / **H**: 후이엔

소미는 후이엔 집에 놀러 갔다.

S 뭐 하고 있어?

H 인터넷 쇼핑하고 있어.

S 나도 그게 꽤 편리한 것 같아서 가끔 이용해.

H 이 귀걸이 어때?

S 엄청 귀엽다.

H 이것도 사야겠다.

S 배송비는 얼마야?

H 배송비는 물건 수량과 지역에 따라 달라.

S 그러면 물건 언제 받을 수 있어?

H 주문하고 나서, 난 보통 일주일 이내로 물건 받았어.

S 나 이 쇼핑 사이트에 가입하고 싶어.
가입하는 방법 알려 줄 수 있어?

H 그럼. 되게 간단해.

Giảm giá
잠 자

S: Somi / H: Huyền / N: Nhân viên
년 비엔

giày dép 신발(총칭)	Cửa hàng giày dép đang giảm giá. 끄어 항 자이 잽 당 잠 자.
	N Chào chị. Chị muốn mua gì ạ? 짜오 찌. 찌 무온 무어 지 아?
	S Em ơi, cho chị hỏi.
giảm giá 세일하다, 할인하다	Giảm giá đến khi nào? 앰 어이, 쩌 찌 허이. 잠 자 덴 키 나오?
đến khi nào 언제까지	**N** Dạ, giảm giá đến thứ hai tuần sau, chị ạ. 자, 잠 자 덴 트 하이 뚜언 싸우, 찌 아.
giày thể thao 운동화	**S** Loại giày thể thao này giảm bao nhiêu? 로아이 자이 테 타오 나이 잠 바오 니에우?
giày 신발, 구두	**N** Loại giày này được giảm 50%. 로아이 자이 나이 드억 잠 남 므어이 펀 짬.
%(phần trăm) 퍼센트	**S** Em ơi, xăng đan này cũng được giảm giá à? 앰 어이, 쌍 단 나이 꿍 드억 잠 자 아?
xăng đan 샌들	**N** Đó là sản phẩm mới nên không được giảm giá, chị ạ. 더 라 싼 펌 머이 넨 콩 드억 잠 자, 찌 아.
	S Chị biết rồi.
	Huyền ơi, cậu đã chọn được chưa? 찌 비엩 조이. 후이엔 어이, 꺼우 다 쩐 드억 쯔어?
đi (신발) 신다	**H** Chưa, tớ đang đi thử đôi dép này. 쯔어, 떠 당 디 트 도이 잽 나이.
dép 슬리퍼	(20 phút sau) (하이 므어이 푼 싸우)
tiền mặt 현금	**N** Chị thanh toán bằng tiền mặt hay thẻ ạ? 찌 타잉 또안 방 띠엔 맏 하이 태 아?
	S Chị thanh toán bằng thẻ. 찌 타잉 또안 방 태.
không được 안 되다	**N** Dạ, sản phẩm này được giảm giá nên không được đổi và trả lại, chị ạ. 자, 싼 펌 나이 드억 잠 자 넨 콩 드억 도이 바 짜 라이, 찌 아.
trả lại 환불하다	

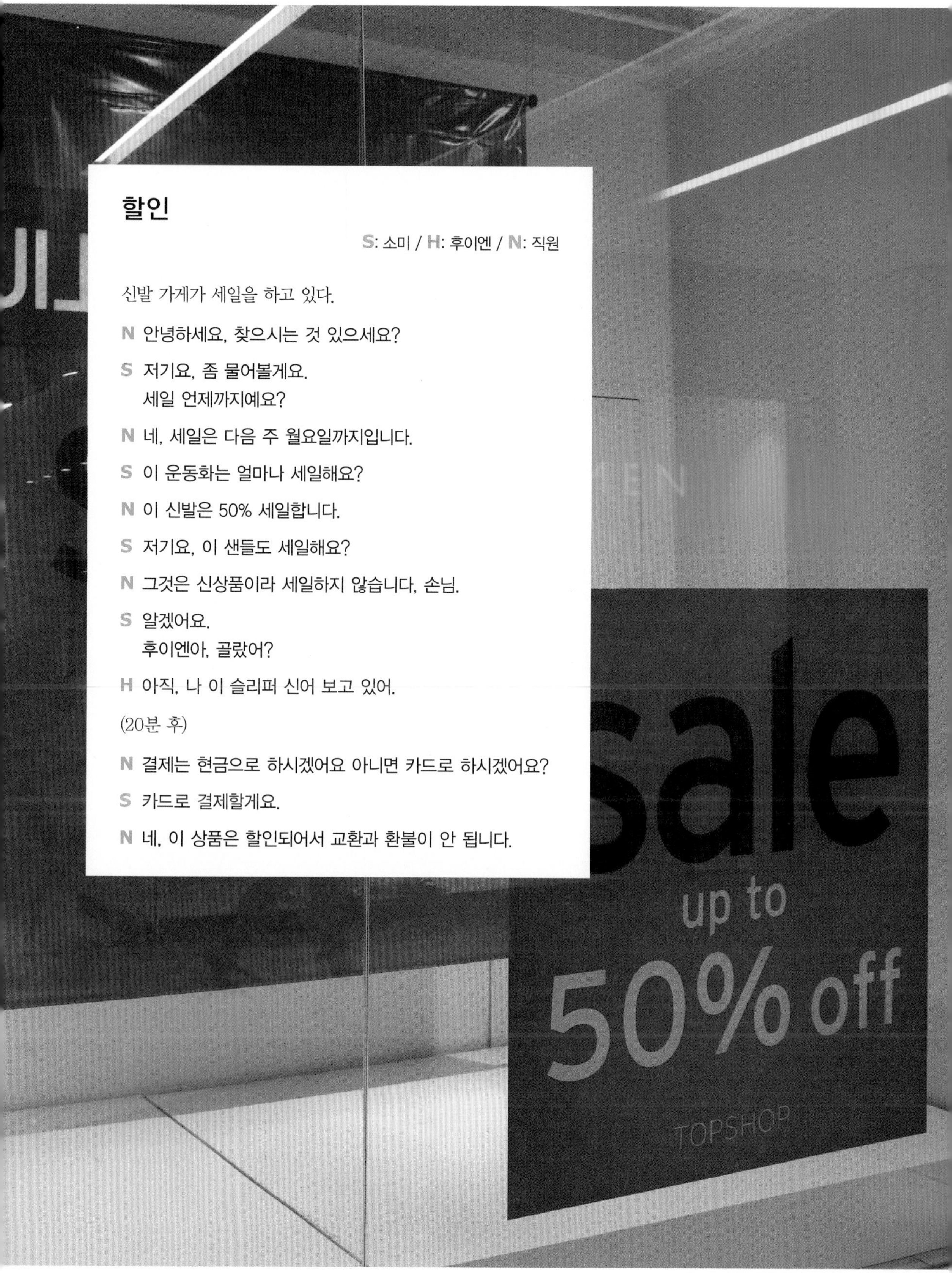

할인

S: 소미 / H: 후이엔 / N: 직원

신발 가게가 세일을 하고 있다.

N 안녕하세요, 찾으시는 것 있으세요?

S 저기요, 좀 물어볼게요.
　세일 언제까지예요?

N 네, 세일은 다음 주 월요일까지입니다.

S 이 운동화는 얼마나 세일해요?

N 이 신발은 50% 세일합니다.

S 저기요, 이 샌들도 세일해요?

N 그것은 신상품이라 세일하지 않습니다, 손님.

S 알겠어요.
　후이엔아, 골랐어?

H 아직, 나 이 슬리퍼 신어 보고 있어.

(20분 후)

N 결제는 현금으로 하시겠어요 아니면 카드로 하시겠어요?

S 카드로 결제할게요.

N 네, 이 상품은 할인되어서 교환과 환불이 안 됩니다.

Trung tâm bảo hành
쭝 떰 바오 하잉

S: Somi / **L**: Linh / **N**: Nhân viên
년 비엔

trung tâm 센터, 중심	
bảo hành 보증하다	
sửa 수리하다, 고치다	

Linh đi đến trung tâm bảo hành với Somi để sửa điện thoại di động.
링 디 덴 쭝 떰 바오 하잉 버이 소미 데 쓰어 디엔 토아이 지 동.

S Sao cậu đến đây?
싸오 꺼우 덴 더이?

bị vỡ 깨지다

đánh rơi 떨어뜨리다

L Màn hình điện thoại bị vỡ do tớ đánh rơi.
만 힝 디엔 토아이 비 버 저 떠 다잉 저이.

S Cậu mới mua nó tuần trước, đúng không?
꺼우 머이 무어 너 뚜언 쯔억, 둥 콩?

bực mình 짜증 나다

thật 진짜, 정말

L Ừ. Bực mình thật.
으. 븍 밍 털.

N Xin mời quý khách tiếp theo!
씬 머이 꾸이 카익 띠엡 태오!

L Chào anh, màn hình điện thoại của tôi bị vỡ.
짜오 아잉, 만 힝 디엔 토아이 꾸어 또이 비 버.

N Để tôi xem.
데 또이 쌤.

L Cái này sửa được không?
까이 나이 쓰어 드억 콩?

N Dạ, được.
자, 드억.

L Phí khoảng bao nhiêu?
피 코앙 바오 니에우?

~ lâu chưa? ~한 지 오래되었어요?, ~한 지 얼마나 됐어요?

N Chị mua cái này lâu chưa ạ?
찌 무어 까이 나이 러우 쯔어 아?

L Một tuần trước.
몯 뚜언 쯔억.

sửa chữa 수리하다, 고치다

vì ~때문에, ~의 이유로

thời gian bảo hành 보증 기간

N Thế thì không mất phí sửa chữa vì máy còn thời gian bảo hành ạ.
테 티 콩 먿 피 쓰어 쯔어 비 마이 껀 터이 잔 바오 하잉 아.

L Thật à? May quá.
털 아? 마이 꾸아.

A/S 센터

S: 소미 / **L**: 링 / **N**: 직원

링은 휴대폰을 수리하러 소미와 함께 A/S 센터에 갔다.

S 여기 왜 왔어?

L 내가 떨어뜨려서 휴대폰 액정이 깨졌어.

S 너 그거 지난주에 새로 샀잖아, 맞지?

L 응. 정말 짜증 나.

N 다음 손님 오세요!

L 안녕하세요. 제 휴대폰 액정이 깨졌어요.

N 제가 볼게요.

L 이거 고칠 수 있어요?

N 네, 가능해요.

L 비용이 대략 얼마예요?

N 이것을 구매한 지 오래되셨나요?

L 일주일 전이요.

N 그러면 기계 보증 기간이 남아서 수리비가 들지 않습니다.

L 진짜요? 정말 다행이에요.

\# 얼마예요?

Bao nhiêu tiền vậy?

바오 니에우 띠엔 버이?

Giá bao nhiêu vậy?

자 바오 니에우 버이?

\# 지금 이 스타일이 엄청 유행이에요.

Bây giờ kiểu này đang rất thịnh hành.

버이 저 끼에우 나이 당 젓 팅 하잉.

Bây giờ kiểu này đang mốt.

버이 저 끼에우 나이 당 몯.

\# 지금 중간 사이즈는 품절이에요.

Bây giờ hết cỡ vừa rồi ạ.

버이 저 헫 꺼 브어 조이 아.

Bây giờ cỡ vừa hết rồi ạ.

버이 저 꺼 브어 헫 조이 아.

\# 이게 가장 잘나가는 제품이에요.

Đây là sản phẩm bán chạy nhất ạ.

더이 라 싼 펌 반 짜이 녇 아.

Đây là sản phẩm bán được nhiều nhất ạ.

더이 라 싼 펌 반 드억 니에우 녇 아.

조금만 깎아 주실 수 있어요?

Bớt cho cháu một chút được không ạ?
벋 쩌 짜우 몯 쭏 드억 콩 아?

Giảm giá cho cháu một chút được không ạ?
잠 자 쩌 짜우 몯 쭏 드억 콩 아?

가입하는 방법 알려 줄 수 있어?

Chỉ tớ biết cách đăng ký được không?
찌 떠 비엩 까익 당 끼 드억 콩?

Cho tớ biết cách đăng ký được không?
쩌 떠 비엩 까익 당 끼 드억 콩?

그러면 기계 보증 기간이 남아서 수리비가 들지 않습니다.

Thế thì không mất phí sửa chữa vì máy còn thời gian bảo hành ạ.
테 티 콩 먿 피 쓰어 쯔어 비 마이 껀 터이 잔 바오 하잉 아.

Thế thì miễn phí vì máy còn thời gian bảo hành ạ.
테 티 미엔 피 비 마이 껀 터이 잔 바오 하잉 아.

나 이 슬리퍼 신어 보고 있어.

Tớ đang đi thử đôi dép này.
떠 당 디 트 도이 잽 나이.

Tớ đang mang thử đôi dép này.
떠 당 망 트 도이 잽 나이.

1 뭐 찾으세요?

➡ Chị đang ⬚⬚⬚ gì ạ?

2 4개 사시면 2만 동 깎아 드릴게요.

➡ ⬚⬚⬚ chị mua 4 cái ⬚⬚⬚ tôi sẽ giảm 20.000 đồng cho chị.

3 저는 브랜드에는 관심이 없어요.

➡ Tôi không ⬚⬚⬚ thương hiệu.

4 화면이 클 뿐만 아니라 디자인도 예쁘네요.

➡ Điện thoại này ⬚⬚⬚ màn hình lớn ⬚⬚⬚ có thiết kế đẹp đấy.

5 이 옷 손님에게 잘 어울리는 것 같아요.

➡ Em thấy áo này ⬚⬚⬚ chị.

6 오, 제 피부가 매끄러워 보여요.

➡ Ôi, da của chị ⬚⬚⬚ quá.

7 입어 볼 수 있어요?

➡ Chị có thể ⬚⬚⬚ được không?

8 저 잔돈이 없어요.

➡ Tôi không có ⬚⬚⬚ .

답안 >>
1. tìm 2. Nếu / thì 3. quan tâm đến 4. không những / mà còn
5. hợp với 6. trông mịn màng 7. mặc thử 8. tiền lẻ

9   주문하고 나서, 난 보통 일주일 이내로 물건 받았어.

💬 _____ đặt hàng, tớ thường nhận được hàng trong vòng một tuần.

10 샘플 있어요?

💬 Có _____ không, em?

11 인터넷 쇼핑하고 있어.

💬 Tớ đang mua sắm _____.

12 배송비는 물건 수량과 지역에 따라 달라.

💬 Phí giao hàng khác nhau _____ số lượng hàng và khu vực.

13 세일 언제까지예요?

💬 Giảm giá _____?

14 이 운동화는 얼마나 세일해요?

💬 Loại giày thể thao này _____?

15 이 상품은 할인되어서 교환과 환불이 안 됩니다.

💬 Sản phẩm này được giảm giá nên không được ___ và _____, chị ạ.

16 탈의실은 저쪽에 있어요.

💬 _____ ở đằng kia.

9. Sau khi 10. hàng mẫu 11. trên mạng 12. tùy theo
13. đến khi nào 14. giảm bao nhiêu 15. đổi / trả lại 16. Phòng thay đồ

Chương 4. 쇼핑   **119**

Chương 5
Du lịch

여행

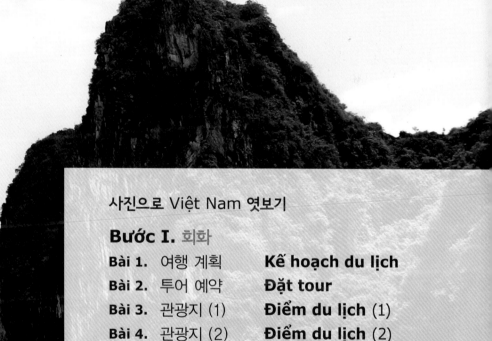

사진으로 Việt Nam 엿보기

Bước I. 회화

Bước II. 응용 표현

배운 표현, 이렇게도 바꿔 쓴다!

Bước III. 연습 문제

베트남어 제대로 써먹는다!

박물관 투어

베트남을 좀 더 자세히 알고 싶다면 박물관에 가 보는 것은 어떨까요?

하노이 베트남 여성 박물관
Bảo tàng Phụ nữ Việt Nam 바오 땅 푸 느 비엘 남

'베트남 여성의 삶'을 주제로 하여, 1층 '여성과 가족', 2층 '역사 속의 여성', 3층 '여성의 의복'으로 나뉘어 있어요. 1층에는 베트남 여러 민족의 전통 결혼, 출산 풍습 및 여성의 일상에 관련된 것들을 전시하고, 2층에는 베트남 독립을 위해 투쟁한 여성 영웅들을 소개하고 있어요. 3층에 가면 베트남 여러 민족의 여성 의복, 장신구 등을 감상할 수 있어요. 이 박물관을 둘러보고 나면, 과거부터 현재까지 베트남 사회에서 여성이 어떤 역할을 했는지 이해하게 될 거예요. 오디오 가이드는 베트남어, 영어, 프랑스어를 제공하며 대여료는 6만 동 (약 3,000원)입니다.

하노이 베트남 미술관
Bảo tàng Mỹ thuật Việt Nam 바오 땅 미 투얼 비엘 남

고대의 유물, 불교 미술부터 현대의 회화, 조각까지 다양한 베트남 미술 작품이 시대의 흐름에 따라 전시되어 있습니다.
베트남 현대 미술은 전쟁을 치르던 상황을 반영한 작품이 많습니다. 별관에는 소수 민족의 전통 의상도 전시합니다. 미술에 관심이 있다면 꼭 한번 들러 보세요. 베트남만의 색깔과 매력을 가진 작품들을 감상하다 보면 시간이 훌쩍 지나갑니다.

호찌민 **전쟁 박물관**
Bảo tàng Chứng tích Chiến tranh
바오 땅 쯩 띡 찌엔 짠

베트남 현대사에서 빼놓을 수 없는 사건이
바로 미국과 치렀던 '베트남 전쟁'입니다.
이 전쟁에 관한 베트남의 시각을 볼 수 있는
곳으로 호찌민시에서 꼭 방문해야 하는
박물관입니다. 전쟁 관련 각종 자료들, 고엽제
피해자 상황, 전쟁의 참상을 보여 주는 사진들,
당시 사용된 무기 등을 살펴볼 수 있습니다.
외부에는 전쟁 당시 사용했던 탱크, 전투기
등을 전시합니다. 전쟁의 참혹함을 알리는
동시에 평화에 대한 메시지도 담고 있어
해마다 많은 사람들이 방문하고 있어요.

호찌민 **호찌민시 박물관**
Bảo tàng Thành phố Hồ Chí Minh
바오 땅 타잉 포 호 찌 밍

호찌민시의 역사가 담겨있는 박물관입니다.
호찌민시의 경제, 독립운동 과정, 베트남 통일,
남부의 문화, 베트남 화폐의 변천사 등을 관람할
수 있습니다. 이 박물관은 1890년 프랑스가
통치하던 시절에 상업 박물관으로 사용하기 위해
지어졌으나, 시대의 흐름에 따라서 여러 차례
용도가 변경되었습니다. 1978년에 혁명 박물관이
되었고, 1999년에 '호찌민시 박물관'으로 이름을
바꾸어 현재에 이르고 있습니다.
이 박물관은 규모가 크지는 않지만 이국적인
느낌 때문에 베트남 사람들이 웨딩 촬영을 하러
오기도 합니다.

Bài 1

Kế hoạch du lịch

께 호아익 주 릭

S: Somi / H: Hùng

chuyến du lịch
여행

Somi nói về chuyến du lịch Hà Nội.
소미 너이 베 쭈이엔 주 릭 하 노이.

S Tớ định đi Hà Nội chơi vào tuần sau.
떠 딩 디 하 노이 쩌이 바오 뚜언 싸우.

H Thế à? Trong bao lâu?
테 아? 쩡 바오 러우?

S 5 ngày.
남 응아이.

đi bằng gì?
무엇을 타고 갑니까?

H Cậu sẽ đi bằng gì?
꺼우 쌔 디 방 지?

S Tớ sẽ đi bằng máy bay.
떠 쌔 디 방 마이 바이.

lập
세우다
kế hoạch
계획

H Cậu lập kế hoạch du lịch chưa?
Tớ sẽ giúp cậu.
꺼우 럽 께 호아익 주 릭 쯔어? 떠 쌔 줍 꺼우.

S Cậu đã đi Hà Nội bao giờ chưa?
꺼우 다 디 하 노이 바오 저 쯔어?

vài
몇몇의, 두셋의
thời tiết
날씨
mang theo
가지고 가다
áo khoác
겉옷, 외투
giữa
가운데, 사이
miền Bắc
북부
miền Nam
남부
bốn mùa
사계절
(mùa xuân 무어 쑤언 봄,
mùa hè 무어 해 여름,
mùa thu 무어 투 가을,
mùa đông 무어 동 겨울)

H Rồi. Tớ đi Hà Nội vài lần rồi.
조이. 떠 디 하 노이 바이 런 조이.

S Thời tiết Hà Nội thế nào?
터이 띠엩 하 노이 테 나오?

H Bây giờ đi Hà Nội thì chắc là cậu sẽ thấy hơi lạnh.
Cậu nên mang theo áo khoác.
버이 저 디 하 노이 티 짝 라 꺼우 쌔 터이 허이 라잉. 꺼우 넨 망 태오 아오 코악.

S Thời tiết giữa miền Bắc và miền Nam khác nhau à?
터이 띠엩 즈어 미엔 박 바 미엔 남 칵 나우 아?

H Ừ, đúng rồi. Miền Bắc có bốn mùa.
Nhưng miền Nam chỉ có hai mùa thôi.
으, 둥 조이. 미엔 박 꺼 본 무어. 니응 미엔 남 찌 꺼 하이 무어 토이.

S Tớ hiểu rồi. Cảm ơn cậu.
떠 히에우 조이. 깜 언 꺼우.

여행 계획

S: 소미 / H: 훙

소미는 하노이 여행에 대해 말한다.

S 나 다음 주에 하노이 놀러 갈 거야.

H 그래? 얼마 동안?

S 5일간.

H 뭐 타고 갈 거야?

S 비행기 타고 가.

H 여행 계획 세웠어?
　내가 도와줄게.

S 너 하노이 가 봤어?

H 응. 나 하노이 몇 번 가 봤어.

S 하노이 날씨 어때?

H 지금 하노이 가면 아마 조금 추울 거야.
　겉옷을 가져가는 게 좋아.

S 북부와 남부 간의 날씨가 달라?

H 응, 맞아. 북부는 사계절이 있어.
　그런데 남부는 두 계절밖에 없어.

S 이해했어. 고마워.

Đặt tour
닫 뚜어

S: Somi / N: Nhân viên công ty du lịch
년 비엔 꽁 띠 주 릭

Somi đến công ty du lịch ngay sau khi tới Hà Nội.
소미 덴 꽁 띠 주 릭 응아이 싸우 키 떠이 하 노이.

đặt tour
투어를 예약하다

vịnh Hạ Long
하롱베이 (vịnh 만)

trong ngày
당일

hai ngày một đêm
1박 2일

S Chào anh, tôi muốn đặt tour du lịch vịnh Hạ Long.
짜오 아잉, 또이 무온 닫 뚜어 주 릭 빙 하 렁.

N Chị muốn đi trong ngày hay hai ngày một đêm ạ?
찌 무온 디 쩡 응아이 하이 하이 응아이 몯 뎀 아?

S Tour trong ngày, anh ạ.
뚜어 쩡 응아이, 아잉 아.

trên
위에

du thuyền
유람선

N Nếu đi du lịch hai ngày một đêm thì chị sẽ nghỉ đêm trên du thuyền.
네우 디 주 릭 하이 응아이 몯 뎀 티 찌 쌔 응이 뎀 쩬 주 투이엔.

S Ồ, hay quá. Nhưng tôi không có thời gian.
Tôi sẽ đi tour trong ngày.
오, 하이 꾸아. 니응 또이 콩 꺼 터이 잔. 또이 쌔 디 뚜어 쩡 응아이.

N Khi nào chị muốn đi ạ?
Chị đặt tour mấy người?
키 나오 찌 무온 디 아? 찌 닫 뚜어 머이 응으어이?

một mình
혼자

bữa trưa
점심 식사

S Hai ngày sau. Tôi đi một mình.
Tour này có bao gồm bữa trưa không?
하이 응아이 싸우. 또이 디 몯 밍. 뚜어 나이 꺼 바오 곰 브어 쯔어 콩?

N Dạ, có ạ.
자, 꺼 아.

hướng dẫn viên
가이드

giải thích
설명하다

S Hướng dẫn viên giải thích bằng tiếng gì?
흐엉 전 비엔 자이 틱 방 띠엥 지?

N Hướng dẫn viên giải thích bằng tiếng Việt và tiếng Anh ạ.
흐엉 전 비엔 자이 틱 방 띠엥 비엩 바 띠엥 아잉 아.

đón
맞이하다, 데리러 가다

S Xe sẽ đón tôi ở đâu?
쌔 쌔 던 또이 어 더우?

N Xe sẽ đến khách sạn của chị lúc 8 giờ sáng ạ.
쌔 쌔 덴 카익 싼 꾸어 찌 룩 땀 저 쌍 아.

투어 예약

S: 소미 / N: 여행사 직원

소미는 하노이에 도착해서 바로 여행사에 갔다.

S 안녕하세요, 하롱베이 여행 투어를 예약하고 싶은데요.

N 당일로 가실 거예요 아니면 1박 2일로 가실 거예요?

S 당일이요.

N 1박 2일 여행으로 가면 유람선에서 자는 거예요.

S 오, 멋진데요. 그런데 제가 시간이 없어요.
당일 투어로 선택할게요.

N 언제 가시겠어요?
투어 몇 명 예약하세요?

S 이틀 후요. 저 혼자 가요.
이 투어는 점심 식사를 포함하나요?

N 네, 포함합니다.

S 가이드가 무슨 언어로 설명해 주나요?

N 가이드는 베트남어와 영어로 설명합니다.

S 차가 어디로 데리러 와요?

N 차는 아침 8시에 손님의 호텔로 갈 거예요.

Điểm du lịch (1)
디엠 주 릭 몯

S: Somi / **H**: Hướng dẫn viên du lịch
흐엉 전 비엔 주 릭

lên xe 차에 오르다, 타다	Vào ngày đi vịnh Hạ Long, Somi lên xe du lịch. 바오 응아이 디 빙 하 렁, 소미 렌 쌔 주 릭.

H Xin chào anh chị.
 Tôi tên là Nam, hướng dẫn viên du lịch của Việt Tour.
 씬 짜오 아잉 찌. 또이 뗀 라 남, 흐엉 전 비엔 주 릭 꾸어 비엩 뚜어.

S Chào anh.
 짜오 아잉.

lịch trình
일정

H Tôi xin giới thiệu về lịch trình của hôm nay.
 Sau khi đến Vịnh Hạ Long, chúng ta sẽ ăn trưa trên thuyền. Sau đó, chúng ta tham quan các hòn đảo và hang động nổi tiếng.
 또이 씬 저이 티에우 베 릭 찡 꾸어 홈 나이. 싸우 키 덴 빙 하 렁, 쭝 따 쌔 안 쯔어 쩬 투이엔. 싸우 더, 쭝 따 탐 꾸안 깍 헌 다오 바 항 동 노이 띠엥.

thuyền
배
sau đó
그 후, 그리고 나서
tham quan
관광하다, 구경하다
hòn đảo
섬
hang động
동굴

S Từ đây đến vịnh Hạ Long mất bao lâu?
 뜨 더이 덴 빙 하 렁 멏 바오 러우?

H Khoảng 4 tiếng, chị ạ.
 코앙 본 띠엥, 찌 아.

ghé
잠시 들르다
trạm dừng chân
휴게소

S Chúng ta có ghé trạm dừng chân không?
 쭝 따 꺼 개 짬 증 쩐 콩?

H Dạ, có. Chúng ta sẽ nghỉ khoảng 20 phút.
 Còn ai muốn hỏi gì không ạ?
 자, 꺼. 쭝 따 쌔 응이 코앙 하이 므어이 푿. 껀 아이 무온 허이 지 콩 아?

về lại
돌아오다

S Bao giờ chúng ta về lại Hà Nội?
 바오 저 쭝 따 베 라이 하 노이?

chương trình
프로그램

H Chương trình này kết thúc lúc 4 giờ 30 chiều.
 Sau đó, chúng ta về lại Hà Nội.
 쯔엉 찡 나이 껟 툭 룩 본 저 바 므어이 찌에우. 싸우 더, 쭝 따 베 라이 하 노이.

khách du lịch
관광객

(Sau khi đến vịnh Hạ Long, các khách du lịch lên thuyền.)
(싸우 키 덴 빙 하 렁, 깍 카익 주 릭 렌 투이엔.)

S Ồ, tuyệt quá!
 오, 뚜이엩 꾸아!

하롱베이

2,000여 개의 바위섬으로 이루어진 하롱베이 vịnh Hạ Long 빙 하 렁는 아름다운 풍경을 자랑합니다. 잔잔한 바다와 섬들이 이루는 조화가 멋집니다. 하롱베이는 1994년에 유네스코 세계 자연유산으로 지정되었습니다. 하노이에서 차로 4시간 정도 소요되어 당일 투어도 가능합니다.
시외버스를 이용해 직접 찾아가면 저렴하긴 하지만 다소 번거로워, 여행사에서 운영하는 투어를 이용하는 것을 추천합니다.
1박 2일 투어를 선택한다면 여유 있게 크루즈를 타고 하롱베이를 둘러볼 수 있어요.

관광지 (1)

S: 소미 / H: 여행 가이드

하롱베이 여행 가는 날, 소미는 관광버스에 탔다.

H 안녕하세요 여러분.
제 이름은 남이고, 비엣 투어의 여행 가이드입니다.

S 안녕하세요.

H 오늘 일정을 소개하겠습니다.
하롱베이에 도착하면, 배에서 점심을 먹습니다.
그 후에, 유명한 섬들과 동굴을 구경할 거예요.

S 여기에서 하롱베이까지 얼마나 걸려요?

H 4시간 정도요.

S 휴게소에 들르나요?

H 네. 20분 정도 쉴 거예요.
질문 더 있으신 분 계신가요?

S 언제 하노이에 돌아오나요?

H 이 프로그램은 오후 4시 30분에 끝납니다.
그 이후에 하노이로 다시 돌아옵니다.

(하롱베이에 도착한 후, 관광객들은 배에 올랐다.)

S 와, 너무 멋지다!

Điểm du lịch (2)
디엠 주 릭 하이

S: Somi / L: Lâm

ngắm cảnh
풍경, 경치를 감상하다
(ngắm 구경하다)

hồ Hoàn Kiếm
호안끼엠 호수
(하노이의 구시가지에
위치한 대표적인 호수)

Somi đang ngắm cảnh hồ Hoàn Kiếm. Somi nghe điện thoại.
소미 당 응암 까잉 호 호안 끼엠. 소미 응애 디엔 토아이.

S A-lô, tớ nghe.
알-로, 떠 응애.

L Somi ơi, tớ nghe nói cậu đi Hà Nội.
Chuyến du lịch Hà Nội vui không?
소미 어이, 떠 응애 너이 꺼우 디 하 노이. 쭈이엔 주 릭 하 노이 부이 콩?

buồn
슬픈, 우울한

thú vị
재미있는, 흥미로운

S Ừ, tớ đi một mình nên cảm thấy hơi buồn nhưng mà
thú vị lắm.
으, 떠 디 몯 밍 넨 깜 터이 허이 부온 니응 마 투 비 람.

L Cậu đang làm gì thế?
꺼우 당 람 지 테?

đi dạo
산책하다, 거닐다

quanh
주변, 주위

sướng
기분 좋은

S Tớ đang đi dạo quanh hồ Hoàn Kiếm.
떠 당 디 자오 꾸아잉 호 호안 끼엠.

L Sướng thế! Cậu thấy hồ Hoàn Kiếm thế nào?
쓰엉 테! 꺼우 터이 호 호안 끼엠 테 나오?

S Đẹp lắm.
댑 람.

hồ Tây
서호
(하노이에서 가장 큰 호수)

bánh tôm
반똠 (새우를 넣은
베트남식 부침개)

ngoài ~ ra
~ 외에

L Cậu đi hồ Tây chưa? Hồ Tây lớn hơn hồ Hoàn Kiếm.
Nếu đi hồ Tây thì cậu nên ăn thử bánh tôm.
꺼우 디 호 떠이 쯔어? 호 떠이 런 헌 호 호안 끼엠.
네우 디 호 떠이 티 꺼우 넨 안 트 바잉 똠.

S Ngoài chỗ đó ra, cậu có thể giới thiệu các điểm du lịch
khác cho tớ được không?
응오아이 쪼 더 자, 꺼우 꺼 테 저이 티에우 깍 디엠 주 릭 칵 쩌 떠 드억 콩?

múa rối nước
(베트남 전통) 수상 인형극

L À, cậu đã bao giờ xem múa rối nước chưa?
아, 꺼우 다 바오 저 쌤 무어 조이 느억 쯔어?

S Chưa.
쯔어.

L Nếu có thời gian thì cậu cũng nên đi xem
múa rối nước.
네우 꺼 터이 잔 티 꺼우 꿍 넨 디 쌤 무어 조이 느억.

관광지 (2)

S: 소미 / L: 럼

소미는 호안끼엠 호수를 감상 중이다. 소미는 전화를 받았다.

S 여보세요, 나야.

L 소미야, 너 하노이 갔다고 들었어.
  하노이 여행 즐겁니?

S 응, 혼자 와서 조금 아쉽긴 한데 재밌어.

L 뭐 하고 있어?

S 호안끼엠 호수 주변 산책 중이야.

L 좋겠다! 호안끼엠 호수 어때?

S 엄청 예뻐.

L 서호는 갔어? 서호는 호안끼엠 호수보다 커.
  서호 가면 반쫌 먹어봐.

S 그곳 외에 나한테 다른 관광지 추천해 줄 수 있어?

L 아, 너 수상 인형극 본 적 있니?

S 아니.

L 시간 있으면 수상 인형극도 보러 가 봐.

Bài 5

MP3. C5-B5

Đi xem buổi biểu diễn
디 쌤 부오이 비에우 지엔

M: Minh / S: Somi / N: Nhân viên bán vé
년 비엔 반 배

làm quen với ~
~와 사귀다, 친해지다
múa rối nước
베트남 전통 수상 인형극
nhà hát
극장
quầy bán vé
매표소

Somi làm quen với một người bạn mới, tên là Minh.
Hai người đi xem múa rối nước.
소미 람 꾸앤 버이 몯 응으어이 반 머이, 뗀 라 밍. 하이 응으어이 디 쌤 무어 조이 느억.

M Đây là Nhà hát Múa rối nước.
 Quầy bán vé ở đằng kia, em ơi.
 더이 라 냐 핟 무어 조이 느억. 꾸어이 반 배 어 당 끼어, 앰 어이.

S Vậy chúng ta đi mua vé đi.
 버이 쭝 따 디 무어 배 디.

suất diễn
공연 (회차)
* suất 정량, 분량, 몫
hết vé
매진
tiếp theo
다음, 이어서

M Chào chị, còn vé suất diễn lúc 3 giờ không ạ?
 짜오 찌, 껀 배 쑤얻 지엔 룩 바 저 콩 아?

N Không, hết vé rồi, anh ạ.
 Suất diễn tiếp theo thì còn vé.
 콩, 헫 배 조이, 아잉 아. 쑤얻 지엔 띠엡 태오 티 껀 배.

M Suất diễn tiếp theo là lúc mấy giờ?
 쑤얻 지엔 띠엡 태오 라 룩 머이 저?

N Lúc 4 giờ 10 phút ạ.
 룩 본 저 므어이 푿 아.

M Thế cho tôi hai vé lúc 4 giờ 10 phút.
 테 쩌 또이 하이 배 룩 본 저 므어이 푿.

buổi biểu diễn
공연

(Sau khi buổi biểu diễn kết thúc)
(싸우 키 부오이 비에우 지엔 껟 툭)

M Em thấy múa rối nước thế nào?
 앰 터이 무어 조이 느억 테 나오?

S Thú vị thật!
 Em muốn mua móc khóa hình con rối này để kỷ niệm.
 투 비 턷! 앰 무온 무어 먹 코아 힝 껀 조이 나이 데 끼 니엠.

con rối
목각 인형(수상 인형극용)
kỷ niệm
기념하다; 기념

수상 인형극

수상 인형극 *múa rối nước* 무어 조이 느윽은
10세기에 베트남 북부 농촌에서 시작해
현재까지 전해 오는 전통 예술극입니다.
물 위에서 펼치는 인형극이기 때문에, 사람들이
물에 몸을 반쯤 담그고 장막 뒤에서 인형을
조종합니다. 총 17막으로 공연 시간은 약 50분
입니다. 주로 베트남의 농촌 일상, 전설과 관련된
내용인데 베트남어를 몰라도 이해하는 데에는
무리가 없습니다. 가격은 10만 동(약 5,000원)
입니다.

공연 관람

M: 밍 / S: 소미 / N: 매표원

소미는 새로운 친구를 사귀었다. 이름은 밍이다.
두 사람은 수상 인형극을 보러 간다.

M 여기가 수상 인형극 극장이야.
   매표소는 저쪽에 있어.

S 그러면 우리 표 사러 가요.

M 안녕하세요, 3시 공연 표 남아 있나요?

N 아니요, 매진입니다, 손님.
   다음 공연은 표가 남아 있어요.

M 다음 공연은 몇 시예요?

N 4시 10분입니다.

M 그러면 4시 10분 표 두 장 주세요.

(공연이 끝난 후에)

M 수상 인형극 어땠어?

S 정말 재밌었어요!
   저 기념으로 이 인형 모양 열쇠고리 사고 싶어요.

Bài 6

Đi thăm viện bảo tàng
디 탐 비엔 바오 땅

S: Somi / N: Nhân viên bán vé
넌 비엔 반 배

viện bảo tàng
박물관

Somi đi Viện bảo tàng Phụ nữ Việt Nam.
소미 디 비엔 바오 땅 푸 느 비엗 남.

người lớn
어른
giá vé
입장료

S Chào anh, cho tôi một vé người lớn.
Giá vé là bao nhiêu ạ?
짜오 아잉, 쩌 또이 몯 배 응으어이 런. 자 배 라 바오 니에우 아?

N 30.000 đồng ạ.
바 므어이 응인 동 아.

đóng cửa
문을 닫다

S Anh ơi, bảo tàng đóng cửa lúc mấy giờ?
아잉 어이, 바오 땅 덩 끄어 룩 머이 저?

N Bảo tàng đóng cửa lúc 5 giờ chiều.
바오 땅 덩 끄어 룩 남 저 찌에우.

thuê
(돈을 내고) 빌리다,
임대하다
**thuyết minh tự
động**
오디오 가이드
(thuyết minh 설명,
tự động 자동)
ngôn ngữ
언어

S Tôi thuê thuyết minh tự động được không ạ?
또이 투에 투이엗 밍 뜨 동 드억 콩 아?

N Thuyết minh tự động có 3 ngôn ngữ: tiếng Việt,
tiếng Anh và tiếng Pháp.
Chị muốn tiếng nào?
투이엗 밍 뜨 동 꺼 바 응온 응으: 띠엥 비엗, 띠엥 아잉 바 띠엥 팝. 찌 무온 띠엥 나오?

S Tôi muốn thuê thuyết minh tự động tiếng Việt.
또이 무온 투에 투이엗 밍 뜨 동 띠엥 비엗.

N 60.000 đồng ạ.
싸우 므어이 응인 동 아.

S Đây ạ. Tôi gửi đồ ở đây được không?
더이 아. 또이 그이 도 어 더이 드억 콩?

bên kia
저쪽, 건너편

N Chị đi qua bên kia là có chỗ gửi đồ.
찌 디 꾸아 벤 끼어 라 꺼 쪼 그이 도.

triển lãm
전시, 전시회
áo dài
아오자이
(베트남 여성 전통 의상)

S Vâng. Tôi muốn xem triển lãm áo dài.
Áo dài ở tầng mấy ạ?
벙. 또이 무온 쌤 찌엔 람 아오 자이. 아오 자이 어 떵 머이 아?

N Chị lên tầng ba ạ.
찌 렌 떵 바 아.

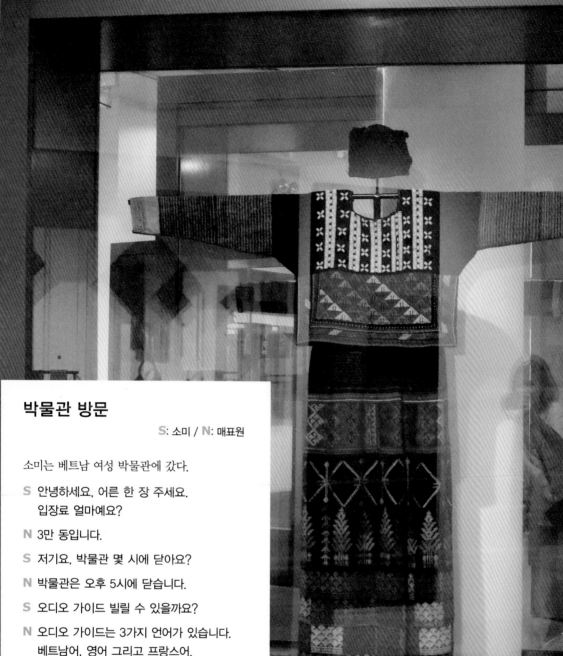

박물관 방문

S: 소미 / N: 매표원

소미는 베트남 여성 박물관에 갔다.

S 안녕하세요, 어른 한 장 주세요.
  입장료 얼마예요?

N 3만 동입니다.

S 저기요, 박물관 몇 시에 닫아요?

N 박물관은 오후 5시에 닫습니다.

S 오디오 가이드 빌릴 수 있을까요?

N 오디오 가이드는 3가지 언어가 있습니다.
  베트남어, 영어 그리고 프랑스어.
  어떤 언어를 원하세요?

S 베트남어 오디오 가이드 빌리고 싶어요.

N 6만 동입니다.

S 네, 여기요. 여기에 짐 맡길 수 있나요?

N 저쪽으로 가면 짐 맡기는 곳이 있습니다.

S 네. 저 아오자이 전시를 보고 싶은데요.
  아오자이는 몇 층에 있어요?

N 3층으로 올라가세요.

베트남 전통 의상, 아오자이

베트남 고유의 아름다움을 담은 전통 의상
아오자이 aó dài는, 단어 그대로 해석하면
'긴 옷'이라는 뜻입니다. 긴 드레스 모양으로
허리까지는 몸에 딱 붙으며, 허리 밑으로는
길게 트여 있습니다. 이것을 통이 넓은
바지와 함께 입어요. 딱 맞게 입는 옷이라
치수를 재서 만드는 것이 일반적입니다.

Tham quan thành phố

탐 꾸안 타잉 포

S: Somi / M: Minh

---

phố cổ
구시가지

Somi và Minh đang tham quan phố cổ Hà Nội.
소미 바 밍 당 탐 꾸안 포 꼬 하 노이.

bầu không khí
분위기

chợ Đông Xuân
동쑤언 시장
(하노이 구시가지에 있는
시장)

S Em thích bầu không khí của phố cổ.
Anh ơi, chợ kia là chợ Đông Xuân phải không?
앰 틱 버우 콩 키 꾸어 포 꼬. 아잉 어이, 쩌 끼어 라 쩌 동 쑤언 파이 콩?

M Đúng rồi. Chiều nay em định làm gì?
둥 조이. 찌에우 나이 앰 딩 람 지?

lăng
묘

chủ tịch
주석

thứ mấy?
(요일을 물을 때)
무슨 요일이지?;
몇 번째?
(thứ ~번째, mấy 몇)

vào
들어가다

S Em muốn thăm lăng Chủ tịch Hồ Chí Minh.
앰 무온 탐 랑 쭈 띡 호 찌 밍.

M Ừm... Hôm nay là thứ mấy?
음... 홈 나이 라 트 머이?

S Hôm nay là thứ sáu.
홈 나이 라 트 싸우.

M Thế thì hôm nay em không thể vào lăng Chủ tịch Hồ Chí Minh được.
테 티 홈 나이 앰 콩 테 바오 랑 쭈 띡 호 찌 밍 드억.

S Sao vậy, anh?
싸오 버이, 아잉?

M Vì lăng Chủ tịch đóng cửa vào thứ hai và thứ sáu.
비 랑 쭈 띡 덩 끄어 바오 트 하이 바 트 싸우.

điều
일, 것

S A... Em không biết điều đó.
아... 앰 콩 비엗 디에우 더.

M Và lăng Chủ tịch chỉ mở cửa vào buổi sáng.
바 랑 쭈 띡 찌 머 끄어 바오 부오이 쌍.

S Thế à? Ngoài ra, khi đi thăm lăng thì em còn phải lưu ý điều gì nữa không?
테 아? 응오아이 자, 키 디 탐 랑 티 앰 껀 파이 르우 이 디에우 지 느어 콩?

lưu ý
유의하다, 주의를 기울이다

mặc lịch sự
갖춰 입다, 점잖게 입다

quần ngắn
반바지

M Em phải mặc lịch sự.
Không được mặc quần ngắn.
앰 파이 막 릭 쓰. 콩 드억 막 꾸언 응안.

호찌민 주석 묘

호찌민 Hồ Chí Minh은 베트남의 영웅이자 국부로
불립니다. 그래서 호찌민 주석 묘 lăng Chủ tịch
Hồ Chí Minh 랑 쭈 띡 호 찌 밍에는 관광객뿐만 아니라
베트남 사람들도 많이 방문합니다. 게다가 오전에만
운영하기 때문에 항상 줄이 길게 늘어서 있어요.
베트남 사람들은 실제로 호찌민 묘를 Lăng Bác
랑 박(큰아버지 묘)이라고 많이 합니다. 어린이를
많이 사랑한 국가 정상이라 국민들이 마치 가족처럼
친근하게 느끼기 때문입니다.
호찌민 묘에 입장할 때는 지켜야 할 규정이
많습니다. 반바지와 치마, 슬리퍼 착용 금지이며,
내부 입장 전 보안 검색대를 통과해야 합니다.
가방이나 카메라는 따로 보관을 맡기고 들어가야
합니다.
- 운영 시간: 07:30~10:30
- 휴무: 월, 금 (보통 10~12월은 시신 방부 처리를
위해 개방하지 않음)

시내 구경

S: 소미 / M: 밍

소미와 밍은 하노이 구시가지를 구경하고 있다.

S 저는 구시가지의 분위기가 좋아요.
  오빠, 저 시장이 동쑤언 시장 맞죠?

M 응 맞아. 오늘 오후에 뭐 할 거야?

S 호찌민 주석 묘를 방문하고 싶어요.

M 음... 오늘이 무슨 요일이지?

S 오늘 금요일이에요.

M 그러면 오늘 호찌민 주석 묘에 들어갈 수 없어.

S 왜요?

M 주석묘는 월요일과 금요일에 문을 열지 않거든.

S 아... 그걸 몰랐어요.

M 그리고 주석 묘는 아침에만 열어.

S 그래요? 그 밖에 묘를 방문할 때 제가 주의해야
  할 사항이 더 있나요?

M 반드시 옷을 갖춰 입어야 해.
  반바지는 입으면 안 돼.

MP3. C5-B8

Chụp ảnh
쯥 아잉

S: Somi / K: Khách du lịch
카익 주 릭

đứng 서다 Nhà thờ Lớn Hà Nội 하노이 대성당 (nhà thờ 교회, 성당) nhờ 부탁하다; ~덕분에 chụp ảnh 사진을 찍다 cảnh 장면, 풍경	Somi đứng trước Nhà thờ Lớn Hà Nội. Somi nhờ một người chụp ảnh giúp. 소미 등 쯔억 냐 터 런 하 노이. 소미 녀 못 응으어이 쯥 아잉 줍.

S Xin lỗi, anh chụp ảnh giúp em được không ạ?
씬 로이, 아잉 쯥 아잉 줍 앰 드억 콩 아?

K Được chứ. Em muốn chụp cảnh gì?
드억 쯔. 앰 무온 쯥 까잉 지?

S Em muốn chụp với cảnh này.
앰 무온 쯥 버이 까잉 나이.

đưa 건네주다 máy ảnh 카메라 bấm 누르다 nút 버튼, 단추 sẵn sàng 준비하다	**K** Đưa máy ảnh của em cho anh. Máy ảnh này sử dụng thế nào? 드어 마이 아잉 꾸어 앰 쩌 아잉. 마이 아잉 나이 쓰 중 테 나오? **S** Anh bấm vào nút này là được ạ. 아잉 범 바오 눋 나이 라 드억 아. **K** Anh biết rồi. Em sẵn sàng chưa? 아잉 비엗 조이. 앰 싼 쌍 쯔어? **S** Dạ, rồi. 자, 조이. **K** Một, hai, ba! Xong rồi. Em xem lại ảnh đi. 몯, 하이, 바! 썽 조이. 앰 쌤 라이 아잉 디.

bức ảnh 사진	**S** Bức ảnh này đẹp lắm. Cảm ơn anh. 븍 아잉 나이 댑 람. 깜 언 아잉. **K** Em cũng chụp giúp anh được không? 앰 꿍 쯥 줍 아잉 드억 콩?

(một) lần nữa 한 번 더 cười lên 웃으세요 (cười 웃다)	**S** Dạ, được. Một, hai, ba! Em chụp lại lần nữa. Anh cười lên nhé. 자, 드억. 몯, 하이, 바! 앰 쯥 라이 런 느어. 아잉 끄어이 렌 내. **K** Ồ, anh thích bức ảnh này. Cảm ơn em. 오, 아잉 틱 븍 아잉 나이. 깜 언 앰.

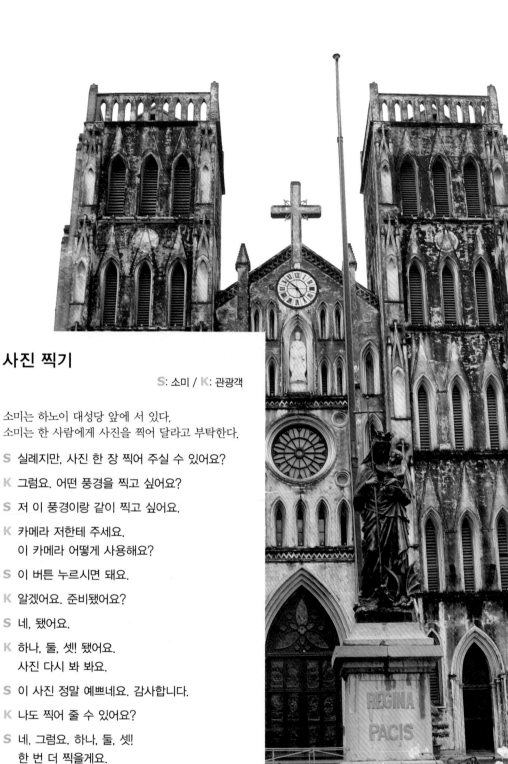

사진 찍기

S: 소미 / K: 관광객

소미는 하노이 대성당 앞에 서 있다.
소미는 한 사람에게 사진을 찍어 달라고 부탁한다.

S 실례지만, 사진 한 장 찍어 주실 수 있어요?

K 그럼요. 어떤 풍경을 찍고 싶어요?

S 저 이 풍경이랑 같이 찍고 싶어요.

K 카메라 저한테 주세요.
   이 카메라 어떻게 사용해요?

S 이 버튼 누르시면 돼요.

K 알겠어요. 준비됐어요?

S 네, 됐어요.

K 하나, 둘, 셋! 됐어요.
   사진 다시 봐 봐요.

S 이 사진 정말 예쁘네요. 감사합니다.

K 나도 찍어 줄 수 있어요?

S 네, 그럼요. 하나, 둘, 셋!
   한 번 더 찍을게요.
   저기 웃으세요.

K 오, 이 사진 마음에 들어요. 고마워요.

배운 표현, 이렇게도 바꿔 쓴다!

\# 여행 계획 세웠어?

Cậu lập kế hoạch du lịch chưa?
꺼우 럽 께 호아익 주 릭 쯔어?

Cậu lên kế hoạch du lịch chưa?
꺼우 렌 께 호아익 주 릭 쯔어?

\# 여보세요, 나야.

A-lô, tớ nghe.
알-로, 떠 응애.

A-lô, tớ đây.
알-로, 떠 더이.

\# 좋겠다!

Sướng thế!
쓰엉 테!

Thích thế!
틱 테!

\# 입장료 얼마예요?

Giá vé là bao nhiêu ạ?
자 배 라 바오 니에우 아?

Bao nhiêu tiền một vé ạ?
바오 니에우 띠엔 몯 배 아?

박물관 몇 시에 닫아요?

Bảo tàng đóng cửa lúc mấy giờ?
바오 땅 덩 끄어 룩 머이 저?

Giờ đóng cửa của bảo tàng là mấy giờ?
저 덩 끄어 꾸어 바오 땅 라 머이 저?

오디오 가이드는 3가지 언어가 있습니다.

Thuyết minh tự động có 3 ngôn ngữ.
투이엘 밍 뜨 동 꺼 바 응온 응으.

Thuyết minh tự động có 3 thứ tiếng.
투이엘 밍 뜨 동 꺼 바 트 띠엥.

저기 웃으세요.

Anh cười lên nhé.
아잉 끄어이 렌 냬.

Anh cười lên nào.
아잉 끄어이 렌 나오.

이틀 후요.

Hai ngày sau.
하이 응아이 싸우.

Ngày kia.
응아이 끼어.

베트남어 제대로 써먹는다!

Việt Nam

Việt Nam   Việt Nam   Việt Nam

1   하노이 날씨 어때?

☛   Hà Nội thế nào?

2   뭐 타고 갈 거야?

☛ Cậu sẽ   ?

3   차가 어디로 데리러 와요?

☛ Xe sẽ   tôi ở đâu?

4   저 혼자 가요.

☛ Tôi đi   .

5   뭐 하고 있어?

☛ Cậu đang   thế?

6   그곳 외에 나한테 다른 관광지 추천해 줄 수 있어?

☛   chỗ đó   , cậu có thể giới thiệu các điểm du lịch khác cho tớ được không?

7   오늘 일정을 소개하겠습니다.

☛ Tôi xin   lịch trình của hôm nay.

8   여기에서 하롱베이까지 얼마나 걸려요?

☛   đây   vịnh Hạ Long mất bao lâu?

답안 >>
1. Thời tiết 2. đi bằng gì 3. đón 4. một mình
5. làm gì 6. Ngoài / ra 7. giới thiệu về 8. Từ / đến

9 오늘이 무슨 요일이지?

▶ Hôm nay là _____ ?

10 이 카메라 어떻게 사용해요?

▶ Máy ảnh này _____ ?

11 준비됐어요?

▶ Em _____ chưa?

12 아니요, 매진입니다.

▶ Không, _____ rồi.

13 반드시 옷을 갖춰 입어야 해.

▶ Em phải _____ .

14 시간 있으면 수상 인형극도 보러 가 봐.

▶ _____ thì cậu cũng nên đi xem múa rối nước.

15 겉옷을 가져가는 게 좋아.

▶ Cậu nên _____ áo khoác.

16 소미는 새로운 친구를 사귀었다.

▶ Somi _____ một người bạn mới.

9. thứ mấy 10. sử dụng thế nào 11. sẵn sàng 12. hết vé
13. mặc lịch sự 14. Nếu có thời gian 15. mang theo 16. làm quen với

Chương 6

Giao thông

교통

★ 사진으로 Việt Nam 엿보기

★ **Bước I.** 회화

Bước II. 응용 표현
배운 표현, 이렇게도 바꿔 쓴다!

★ **Bước III.** 연습 문제
베트남어 제대로 써먹는다!

베트남 시내의 교통수단

베트남 시내에서 이용할 수 있는
교통수단은 어떤 것들이 있을까요?

버스 xe buýt 쌔 부읻

시내버스는 주로 하노이, 호찌민시 같은 큰 도시에서
운행됩니다. 배차 간격이 다소 길고 밤늦게까지
운행하지 않습니다. 그러나 안전하고 에어컨이 있으며,
5,000~7,000동(약 250~350원)으로 저렴합니다.
교통 카드를 사용하지 않으니 미리 잔돈을 준비하세요.
승차하면서 요금을 내는 경우도 있지만, 일반적으로
자리에 앉은 후 버스 차장에게 돈을 냅니다.
버스표와 잔돈은 버스 차장이 승객에게 건네줍니다.
중간에 버스표 검사를 하기도 하니 목적지에 도착할
때까지 버스표를 가지고 있어야 합니다. 하차 벨이
없는 버스는 차장에게 세워 달라고 얘기하면 됩니다.

택시 tắc xi 딱 씨

상대적으로 요금은 비싸지만, 가장 쾌적하게 이용할 수
있는 교통수단입니다. 베트남에서 믿고 탈 만한 택시는
마이린 Mai Linh과 비나선 Vinasun입니다. 그러나 탑승
전에 차량에 적힌 전화번호를 통해 가짜 택시가 아닌지
확인하기 바랍니다. 비나선 전화번호는 38 27 27 27,
마이린은 38 38 38 38입니다. 택시를 탔는데 미터기
금액이 지나치게 빨리 올라간다면 그때까지 표시된
요금만 내고 내리겠다고 하면 됩니다. 택시는 4인승과
밴 형태인 7인승이 있는데 7인승이 조금 더 비쌉니다.
택시 요금은 미터기 숫자에 '00'을 붙이면 됩니다.
예를 들어, '44.0'은 4만 4천 동을 의미합니다.

쌔옴 xe ôm

쌔옴은 'xe(차)', 'ôm(안다, 포옹하다)'의
합성어로 '오토바이 택시'입니다. 베트남의 복잡한
도로 상황에 가장 적합한 교통수단입니다.
길에서 오토바이에 앉아 지나가는 사람에게
손짓하면서 타겠냐는 신호를 보내는 사람들이
대부분 쌔옴 기사라고 볼 수 있어요. 기사에게
목적지를 말하고, 가격을 흥정한 후 탑승하면
됩니다. 요금을 흥정해야 해서 외국인은 이용하기
조금 힘듭니다.

그랩 grab

최근 베트남에서는 대부분 그랩 grab이라는 앱으로
택시나 쌔옴을 이용합니다. 도착지까지 예상 요금과
기사 정보까지 미리 볼 수 있어서, 바가지 쓸 걱정이
없고 비교적 안전합니다. 대체로 일반 택시나
쌔옴보다 저렴한 편입니다. 단, 도시에 따라
앱 사용이 불가능한 곳이 있으며, 현지에서 이용할
때 인증 오류가 발생할 수 있으니 주의하세요.
그랩을 통해서 물건 배달이나 음식 배달도 시킬
수 있어요. 최근에는 그랩과 비슷한 앱들이 많이
생겨나고 있습니다.

Bài 1

Tìm đường (1)

띰 드엉 몯

S: Somi / **N**: Người đi đường

응으어이 디 드엉

tiệm	

tiệm
가게
bánh mì
반미 (베트남식 바게트)

Somi đang tìm đường đến một tiệm bánh mì.
소미 당 띰 드엉 덴 몯 띠엠 바잉 미.

s Xin lỗi, cho tôi hỏi một chút được không ạ?
씬 로이, 쩌 또이 허이 몯 쭏 드억 콩 아?

N Dạ, chị muốn hỏi gì?
자, 찌 무온 허이 지?

s Tôi đang tìm tiệm bánh mì Tuấn.
또이 당 띰 띠엠 바잉 미 뚜언.

N À, tôi biết tiệm đó.
아, 또이 비엗 띠엠 더.

s Tôi không biết từ đây đến đó đi thế nào.
또이 콩 비엗 뜨 더이 덴 더 디 테 나오.

đi thẳng
직진하다
rẽ trái
좌회전하다
(남부에서는
quẹo trái 꾸애오 짜이)
bên phải
오른쪽; 오른쪽에
(bên trái 왼쪽; 왼쪽에)
bên cạnh
옆; 옆에
ngõ
골목
(남부에서는 hẻm 햄)
phức tạp
복잡하다
lần đầu tiên
최초로, 처음으로

N Chị đi thẳng đến cuối đường này thì rẽ trái.
Chị sẽ thấy một hiệu thuốc bên phải.
찌 디 탕 덴 꾸오이 드엉 나이 티 재 짜이. 찌 쌔 터이 몯 히에우 투옥 벤 파이.

s Sau đó thì đi thế nào ạ?
싸우 더 티 디 테 나오 아?

N Bên cạnh hiệu thuốc có một cái ngõ.
Chị đi vào ngõ đó.
벤 까잉 히에우 투옥 꺼 몯 까이 응어. 찌 디 바오 응어 더.

s Ồ, phức tạp quá!
오, 픅 땁 꾸아!

N Lần đầu tiên chị đến đây à?
런 더우 띠엔 찌 덴 더이 아?

s Dạ.
자.

N Tôi sẽ giúp chị.
Chị đi theo tôi.
또이 쌔 줍 찌. 찌 디 태오 또이.

đi theo
따라가다

s Cảm ơn anh nhiều.
깜 언 아잉 니에우.

길 찾기 (1)

S: 소미 / N: 행인

소미는 반미 가게로 가는 길을 찾고 있다.

S 실례지만, 뭐 좀 여쭤봐도 될까요?

N 네, 뭐 물어보시려고요?

S 뚜언 반미 가게를 찾고 있는데요.

N 아, 저 그 가게 알아요.

S 여기서 거기까지 어떻게 가는지 모르겠어요.

N 이 길 끝까지 직진해서 좌회전하세요.
오른쪽에 약국 하나가 보일 거예요.

S 그다음에는 어떻게 가요?

N 약국 옆에 골목이 하나 있어요.
그 골목으로 들어가세요.

S 오, 너무 복잡해요!

N 여기 처음 오신 거예요?

S 네.

N 제가 도와드릴게요.
저를 따라오세요.

S 정말 감사합니다.

Tìm đường (2)

띰 드엉 하이

H: Hùng / S: Somi

trên đường đến ~ ~에 가는 길이다 chỗ hẹn 약속 장소 ra khỏi ~ ~로부터 나오다 cách đây ~ ~전에 (현재 시간으로부터); ~만큼 떨어진 (현재 공간으로부터) lạc đường 길을 잃다 có lẽ 아마도, 아마 bản đồ 지도 hướng 방향 xung quanh 주변, 주위 chút xíu 잠깐, 아주 조금 phía trước 앞쪽	Somi đang trên đường đến chỗ hẹn. 소미 당 쩬 드엉 덴 쪼 핸. H A-lô. Somi ơi, cậu ra khỏi nhà cách đây 30 phút mà sao vẫn chưa đến? 알–로. 소미 어이, 꺼우 자 커이 냐 까익 더이 바 므어이 풋 마 싸오 번 쯔어 덴? S Tớ không biết tớ đang ở chỗ nào. 떠 콩 비엩 떠 당 어 쪼 나오. H Cậu đang ở đâu vậy? Cậu bị lạc đường hả? 꺼우 당 어 더우 버이? 꺼우 비 락 드엉 하? S Có lẽ là như thế. Tớ xem bản đồ rồi nhưng không biết đi theo hướng nào. 꺼 래 라 니으 테. 떠 쌤 반 도 조이 니응 콩 비엩 디 태오 흐엉 나오. H Cậu thấy gì xung quanh? 꺼우 터이 지 쑹 꾸아잉? S Đợi chút xíu. Tớ thấy phía trước có quán cà phê Highlands. 더이 쭏 씨우. 떠 터이 피어 쯔억 꺼 꾸안 까 페 하이랜. H Cậu biết tên đường không? 꺼우 비엩 뗀 드엉 콩? S Tên đường là 'Lý Tự Trọng'. 뗀 드엉 라 '리 뜨 쯩'.
ngã tư 사거리 rẽ phải 우회전 (남부에서는 quẹo phải 꾸애오 파이) đối diện với ~ ~과 마주 보고 있다 ~의 맞은편에 있다 ngân hàng 은행	H Thế cậu đi thẳng đến ngã tư thứ hai thì rẽ phải. Chỗ hẹn ở bên trái, đối diện với ngân hàng Vietcombank. 테 꺼우 디 탕 덴 응아 뜨 하이 티 재 파이. 쪼 핸 어 벤 짜이, 도이 지엔 버이 응언 항 비엩껌바잉. S Ôi trời, khó nhớ quá. Cậu đến đón tớ được không? 오이 쩌이, 커 녀 꾸아. 꺼우 덴 던 떠 드억 콩? H Được, cậu đợi ở đấy đi. Tớ sẽ đến đón. 드억, 꺼우 더이 어 더이 디. 떠 쌔 덴 던.

길 찾기 (2)

H: 홍 / S: 소미

소미는 약속 장소에 가는 길이다.

H 여보세요. 소미야, 너 30분 전에 집에서 나왔는데
   왜 아직도 안 와?

S 나 내가 어디에 있는지 모르겠어.

H 너 지금 어디야? 길 잃어버렸어?

S 그런 것 같아. 지도 봤는데 어느 방향으로 가야
   할지 모르겠어.

H 주변에 뭐가 보여?

S 잠깐만 기다려 봐.
   앞에 하이랜드 카페가 보여.

H 길 이름 알아?

S 길 이름은 '리 뜨 쩡'이야.

H 그러면 너 두 번째 사거리까지 직진해서 우회전해.
   약속 장소는 왼편에 있고, 비엣컴뱅크 은행과
   마주 보고 있어.

S 아이고, 기억하기 너무 어려워.
   나 데리러 올 수 있어?

H 응, 거기서 기다려. 내가 데리러 갈게.

MP3. C6-B3

Tàu hỏa

따우 호아

M: Mạnh / N: Nhân viên bán vé
년 비엔 반 배

về quê
고향에 가다
cuối tuần
주말

Mạnh đi về quê vào cuối tuần này.
Mạnh đến ga Sài Gòn.
마잉 디 베 꾸에 바오 꾸오이 뚜언 나이. 마잉 덴 가 싸이 건.

M Chào chị, tôi muốn mua vé tàu đi Nha Trang.
짜오 찌, 또이 무온 무어 배 따우 디 냐 짱.

một chiều
편도
khứ hồi
왕복

N Anh muốn mua vé một chiều hay vé khứ hồi?
아잉 무온 무어 배 몯 찌에우 하이 배 크 호이?

M Vé một chiều, chị ạ.
배 몯 찌에우, 찌 아.

ngày nào?
며칠에?, 어느 날에?
(구체적인 날짜를 묻는
표현)

N Anh muốn đi ngày nào?
아잉 무온 디 응아이 나오?

M Thứ bảy tuần này.
트 바이 뚜언 나이.

N Thời gian thì sao ạ?
터이 잔 티 싸오 아?

lịch tàu chạy
기차 운행 시간표

M Tôi có thể xem lịch tàu chạy được không?
또이 꺼 테 쌤 릭 따우 짜이 드억 콩?

N Đây ạ. Anh xem đi.
더이 아. 아잉 쌤 디.

M Tôi muốn đi chuyến 9 giờ sáng.
또이 무온 디 쭈이엔 찐 저 쌍.

N Anh muốn mua vé nào ạ?
Vé ghế cứng, ghế mềm hay giường nằm?
아잉 무온 무어 배 나오 아? 배 게 끙, 게 멤 하이 즈엉 남?

ghế cứng
딱딱한 의자
ghế mềm
푹신한 의자
giường nằm
(기차, 차량의)침대 좌석

M Cho tôi vé ghế mềm.
쩌 또이 배 게 멤.

N Dạ. Giá vé là 452.000 đồng ạ.
자. 자 배 라 본 짬 남 므어이 하이 응안 동 아.

기차

M: 마잉 / N: 매표원

마잉은 이번 주말에 고향에 간다.
마잉은 사이공 역에 갔다.

M 안녕하세요. 냐짱 가는 기차표를 사고 싶은데요.

N 편도 표요 아니면 왕복표요?

M 편도 표요.

N 며칠에 가실 거예요?

M 이번 주 토요일이요.

N 시간은요?

M 기차 운행 시간표 볼 수 있나요?

N 여기요. 보세요.

M 아침 9시 기차로 갈게요.

N 어떤 표로 구매하시겠어요?
딱딱한 의자, 푹신한 의자 아니면 침대 좌석이요?

M 푹신한 의자로 주세요.

N 네. 표 가격은 452,000동입니다.

베트남 기차

기차는 남북으로 긴 베트남 전역을 연결해, 하노이에서 호찌민시까지 기차로 이동할 수 있습니다. 기차표는 공식 홈페이지(http://dsvn.vn)나 기차역에서 판매합니다. 기차의 좌석은 크게 좌석칸과 침대칸으로 구분해요. 좌석칸은 나무로 된 좌석칸(ngồi cứng 응오이 끙)과 푹신한 좌석칸(ngồi mềm 응오이 멤)이 있으며, 침대칸은 6인실(nằm khoang 6 남 코앙 싸우)과 4인실(nằm khoang 4 남 코앙 본)이 있습니다.

MP3. C6-B4

Xe buýt

쌔 부잍

S: Somi / P: Phương

trạm xe buýt
버스 정류장
công viên Suối Tiên
쑤오이띠엔 공원
(호찌민시에 있는
놀이공원)
(công viên 공원)

Somi và Phương đang đến trạm xe buýt để đi công viên Suối Tiên.
소미 바 프엉 당 덴 짬 쌔 부잍 데 디 꽁 비엔 쑤오이 띠엔.

S Trạm xe buýt ở đâu vậy?
짬 쌔 부잍 어 더우 버이?

P Ở đằng kia.
어 당 끼어.

S Chúng ta đi xe buýt số mấy?
쭝 따 디 쌔 부잍 쏘 머이?

P Xe buýt số 19.
쌔 부잍 쏘 므어이 찐.

có xa không?
멀어요?
(거리를 묻는 표현)

S Từ đây đến công viên Suối Tiên có xa không?
뜨 더이 덴 꽁 비엔 쑤오이 띠엔 꺼 싸 콩?

P Ừ, hơi xa. Đi bằng xe buýt mất khoảng 30 phút.
으, 허이 싸. 디 방 쌔 부잍 멑 코앙 바 므어이 풑.

S Vé xe buýt là bao nhiêu vậy?
배 쌔 부잍 라 바오 니에우 버이?

P 6.000 đồng. Cậu chuẩn bị tiền lẻ trước nhé.
싸우 응인 동. 꺼우 쭈언 비 띠엔 래 쯔억 내.

S Tớ biết rồi.
떠 비엩 조이.

P Cậu đưa tiền cho nhân viên xe buýt thì nhân viên sẽ đưa vé cho cậu.
꺼우 드어 띠엔 쩌 년 비엔 쌔 부잍 티 년 비엔 쌔 드어 배 쩌 꺼우.

giữ
지니다, 유지하다, 지키다
đến khi ~
(때) ~까지
xuống xe
(차에서) 내리다
chuông
벨, 초인종
ghé trạm
정류장에 들르다 (버스에서
내릴 때 주로 사용)

(Somi và Phương lên xe buýt.)
(소미 바 프엉 렌 쌔 부잍.)

P Cậu phải giữ vé đến khi xuống xe nhé.
꺼우 파이 즈 배 덴 키 쑤옹 쌔 내.

S Ừ, tớ biết rồi. Nếu muốn xuống xe thì tớ làm thế nào? Xe buýt này không có chuông.
으, 떠 비엩 조이. 네우 무온 쑤옹 쌔 티 떠 람 테 나오? 쌔 부잍 나이 콩 꺼 쭈옹.

P Cậu nói 'ghé trạm' với nhân viên là được. Đừng lo.
꺼우 너이 '개 짬' 버이 년 비엔 라 드억. 등 러.

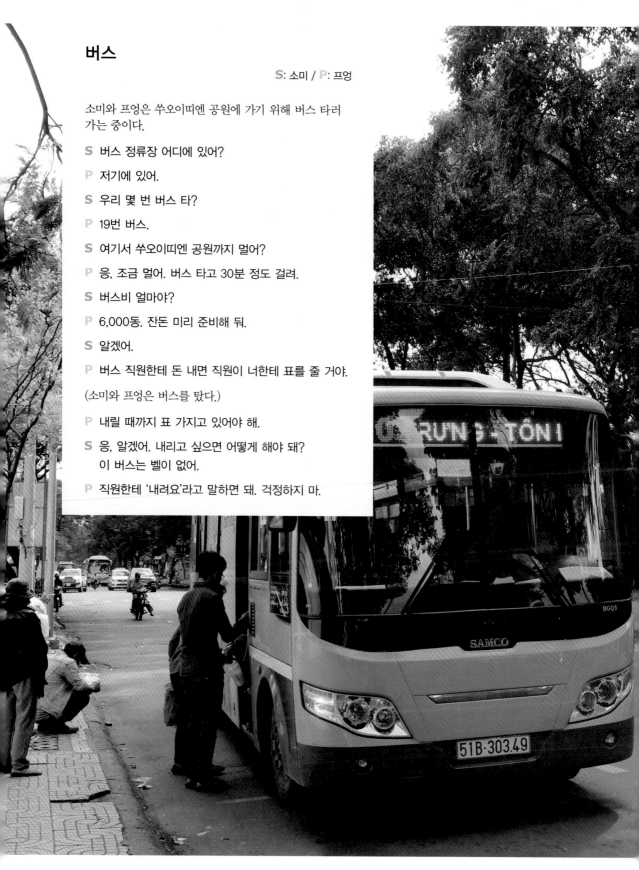

버스

S: 소미 / P: 프엉

소미와 프엉은 쑤오이띠엔 공원에 가기 위해 버스 타러 가는 중이다.

S 버스 정류장 어디에 있어?

P 저기에 있어.

S 우리 몇 번 버스 타?

P 19번 버스.

S 여기서 쑤오이띠엔 공원까지 멀어?

P 응, 조금 멀어. 버스 타고 30분 정도 걸려.

S 버스비 얼마야?

P 6,000동. 잔돈 미리 준비해 둬.

S 알겠어.

P 버스 직원한테 돈 내면 직원이 너한테 표를 줄 거야.

(소미와 프엉은 버스를 탔다.)

P 내릴 때까지 표 가지고 있어야 해.

S 응, 알겠어. 내리고 싶으면 어떻게 해야 돼? 이 버스는 벨이 없어.

P 직원한테 '내려요'라고 말하면 돼. 걱정하지 마.

Tắc xi
딱 씨

S: Somi / **H**: Hùng / **T**: Tài xế tắc xi
따이 쎄 딱 씨

nhà thờ Tân Định
떤딩 성당
(호찌민시에 위치한,
독특한 분홍색으로 유명한
성당)

Somi hỏi Hùng về nhà thờ Tân Định.
소미 허이 훙 베 냐 터 떤 딩.

S Hùng ơi, nhà thờ Tân Định ở đâu vậy?
훙 어이, 냐 터 떤 딩 어 더우 버이?

quận
군(郡, 행정구역 단위)

H Nhà thờ Tân Định ở quận 3.
냐 터 떤 딩 어 꾸언 바.

lạ
이상한, 낯선

S Tớ nghe nói nhà thờ đó rất lạ và đẹp.
떠 응애 너이 냐 터 더 젇 라 바 댑.

nổi bật
눈에 띄는

H Đúng rồi. Nhà thờ đó rất nổi bật vì có màu hồng.
둥 조이. 냐 터 더 젇 노이 벋 비 꺼 마우 홍.

S Chúng ta đến đó thử nhé.

Tớ sẽ gọi tắc xi.
쭝 따 덴 더 트 냬. 떠 쌔 거이 딱 씨.

(Somi và Hùng đang đến nhà thờ Tân Định bằng tắc xi.)
(소미 바 훙 당 덴 냐 터 떤 딩 방 딱 씨.)

sắp đến
접근하다, 다가오다

S Hùng ơi, chúng ta sắp đến chưa?
훙 어이, 쭝 따 쌉 덴 쯔어?

H Ừ, sắp đến rồi.

tắc đường
길이 막히다

Sao tắc đường thế, anh?
으, 쌉 덴 조이. 싸오 딱 드엉 테, 아잉?

thi công
공사하다, 시공하다
đi vòng
우회하다, 돌아가다
đi bộ
걷다

T Vì phía trước đang thi công ạ.

Chắc là chúng ta phải đi vòng đường khác.
비 피어 쯔억 당 티 꽁 아. 짝 라 쭝 따 파이 디 벙 드엉 칵.

H Somi ơi, chúng ta xuống đây và đi bộ đi.
소미 어이, 쭝 따 쑤옹 더이 바 디 보 디.

S Chúng ta có thể đi bộ đến đấy được không?
쭝 따 꺼 테 디 보 덴 더이 드억 콩?

H Ừ. Đi bộ mất 5 phút thôi.

Anh ơi, cho tôi xuống đây.
으. 디 보 먿 남 푿 토이. 아잉 어이, 쩌 또이 쑤옹 더이.

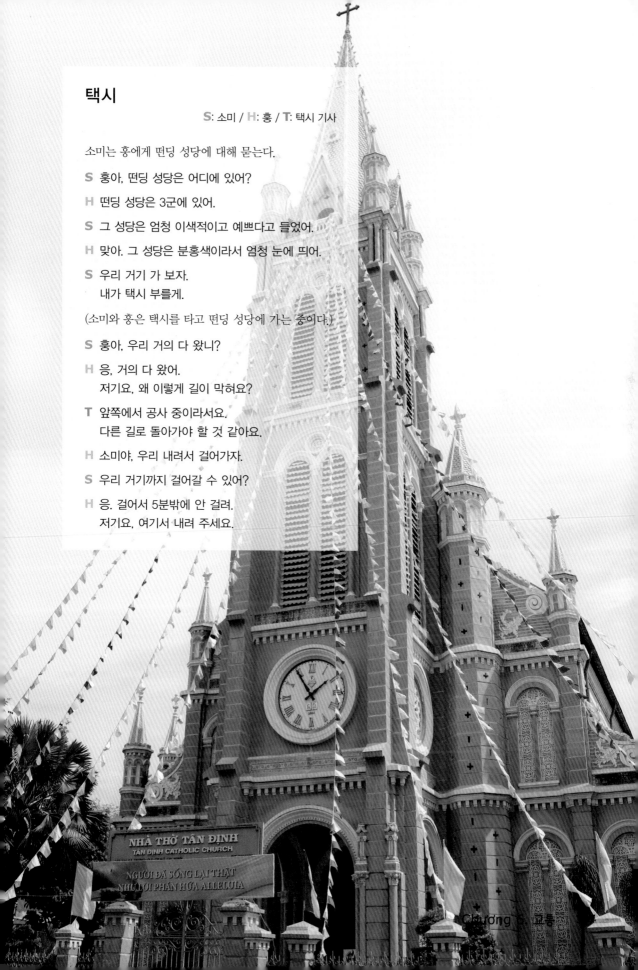

택시

S: 소미 / H: 흥 / T: 택시 기사

소미는 흥에게 떤딩 성당에 대해 묻는다.

S 흥아, 떤딩 성당은 어디에 있어?

H 떤딩 성당은 3군에 있어.

S 그 성당은 엄청 이색적이고 예쁘다고 들었어.

H 맞아. 그 성당은 분홍색이라서 엄청 눈에 띄어.

S 우리 거기 가 보자.
  내가 택시 부를게.

(소미와 흥은 택시를 타고 떤딩 성당에 가는 중이다.)

S 흥아, 우리 거의 다 왔니?

H 응, 거의 다 왔어.
  저기요, 왜 이렇게 길이 막혀요?

T 앞쪽에서 공사 중이라서요.
  다른 길로 돌아가야 할 것 같아요.

H 소미야, 우리 내려서 걸어가자.

S 우리 거기까지 걸어갈 수 있어?

H 응. 걸어서 5분밖에 안 걸려.
  저기요, 여기서 내려 주세요.

Xe ôm
쌔 옴

S: Somi / T: Tài xế xe ôm
따이 쎄 쌔 옴

xe ôm
쌔옴(오토바이 택시)

Somi muốn đi xe ôm.
소미 무온 디 쌔 옴.

S **Cháu muốn đi Vincom center ạ.**
Bao nhiêu tiền vậy, chú?
짜우 무온 디 빈컴 센터 아. 바오 니에우 띠엔 버이, 쭈?

T **40.000 đồng, cháu ạ.**
본 므어이 응인 동, 짜우 아.

km
킬로미터
(= **cây số** 꺼이 쏘)

S **Chú ơi, đắt quá! Từ đây đến đó khoảng 3km thôi ạ.**
쭈 어이, 닽 꾸아! 뜨 더이 덴 더 코앙 바 낄로맫 토이 아.

T **40.000 đồng không đắt đâu, cháu.**
본 므어이 응인 동 콩 닽 더우, 짜우.

S **30.000 đồng được không ạ?**
바 므어이 응인 동 드억 콩 아?

T **Chú bớt cho cháu 5.000 đồng.**
쭈 벋 쩌 짜우 남 응인 동.

S **Dạ, vâng ạ.**
자, 벙 아.

đội
(모자) 쓰다
mũ bảo hiểm
헬멧, 안전모
trong vòng ~
(시간) ~동안

T **Cháu đội mũ bảo hiểm này đi.**
짜우 도이 무 바오 히엠 나이 디.

S **Chú ơi, có thể đến đó trong vòng 15 phút được**
không ạ?
쭈 어이, 꺼 테 덴 더 쩡 벙 므어이 람 푿 드억 콩 아?

mấy giờ?
몇 시?

T **Bây giờ là mấy giờ rồi, cháu?**
버이 저 라 머이 저 조이, 짜우?

S **5 giờ rồi ạ.**
남 저 조이 아.

giờ cao điểm
러시아워, 혼잡 시간

T **Bây giờ là giờ cao điểm nên tắc đường lắm.**
버이 저 라 저 까오 디엠 넨 딱 드엉 람.

muộn giờ
(시간에) 늦다

S **Cháu muộn giờ rồi. Chú đi nhanh được không ạ?**
짜우 무온 저 조이. 쭈 디 냥 드억 콩 아?

đường tắt
지름길

T **Chú biết rồi. Chú sẽ tìm đường tắt.**
쭈 비엩 조이. 쭈 쎄 띰 드엉 딷.

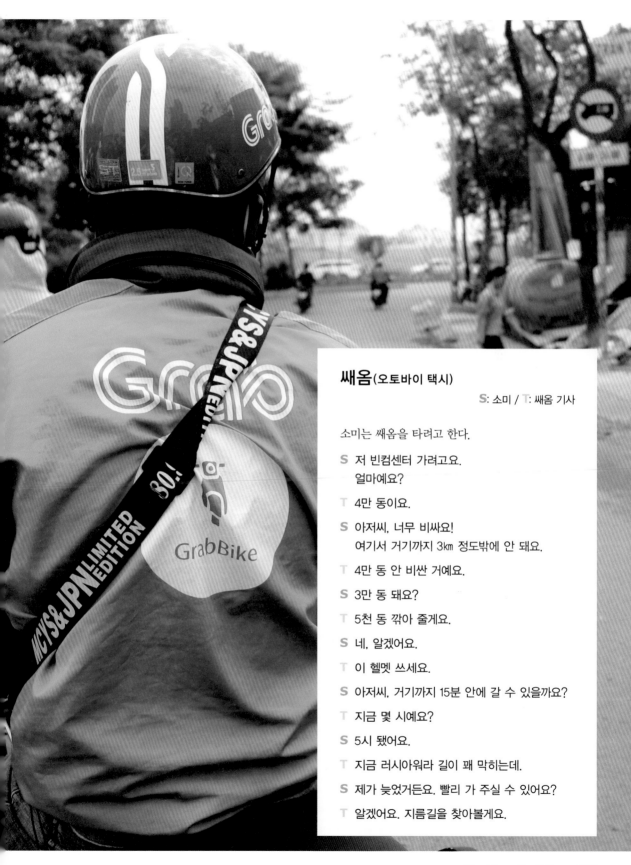

쌔옴(오토바이 택시)

S: 소미 / **T**: 쌔옴 기사

소미는 쌔옴을 타려고 한다.

S 저 빈컴센터 가려고요.
　 얼마예요?

T 4만 동이요.

S 아저씨, 너무 비싸요!
　 여기서 거기까지 3㎞ 정도밖에 안 돼요.

T 4만 동 안 비싼 거예요.

S 3만 동 돼요?

T 5천 동 깎아 줄게요.

S 네, 알겠어요.

T 이 헬멧 쓰세요.

S 아저씨, 거기까지 15분 안에 갈 수 있을까요?

T 지금 몇 시예요?

S 5시 됐어요.

T 지금 러시아워라 길이 꽤 막히는데.

S 제가 늦었거든요. 빨리 가 주실 수 있어요?

T 알겠어요. 지름길을 찾아볼게요.

Xe máy
쌔 마이

S: Somi / M: Mạnh

muộn
늦다

Somi đến chỗ hẹn muộn.
소미 덴 조 핸 무온.

S Xin lỗi, tớ đến muộn.
씬 로이, 떠 덴 무온.

M Sao cậu đến muộn thế?
싸오 꺼우 덴 무온 테?

S Vì tắc đường. Tớ thấy giao thông thành phố
Hồ Chí Minh càng ngày càng phức tạp.
비 딱 드엉. 떠 터이 자오 통 타잉 포 호 찌 밍 깡 응아이 깡 픅 땁.

càng ngày càng ~
갈수록 ~하다

M Tớ cũng nghĩ như thế. Ở thành phố Hồ Chí Minh,
đi xe máy tiện hơn xe buýt.
떠 꿍 응이 니으 테. 어 타잉 포 호 찌 밍, 디 쌔 마이 띠엔 헌 쌔 부읻.

tiện
편리한

S Lái xe máy trông có vẻ khó.
라이 쌔 마이 쫑 꺼 배 커.

lái
운전하다

trông có vẻ ~
~게 보이다

M Trời ơi, lái xe máy không khó đâu.
쩌이 어이, 라이 쌔 마이 콩 커 더우.

xảy ra
일어나다, 발생하다

S Nếu xảy ra tai nạn giao thông thì sao?
Nguy hiểm lắm!
네우 싸이 자 따이 난 자오 통 티 싸오? 응우이 히엠 람!

tai nạn giao thông
교통사고

nguy hiểm
위험하다, 위험한

M Cậu có biết chạy xe đạp không?
꺼우 꺼 비엗 짜이 쌔 답 콩?

xe đạp
자전거

S Có, tớ biết.
꺼, 떠 비엗.

M Thế thì cậu cũng có thể lái xe máy.
테 티 꺼우 꿍 꺼 테 라이 쌔 마이.

sợ
무서운

S Thật à? Nhưng tớ sợ lắm.
털 아? 니응 떠 써 람.

dạy
가르치다

M Không sao. Nếu cậu muốn học thì tớ sẽ dạy cậu.
콩 싸오. 네우 꺼우 무온 헉 티 떠 쌔 자이 꺼우.

S Thế ngày mai tớ muốn lái thử.
테 응아이 마이 떠 무온 라이 트.

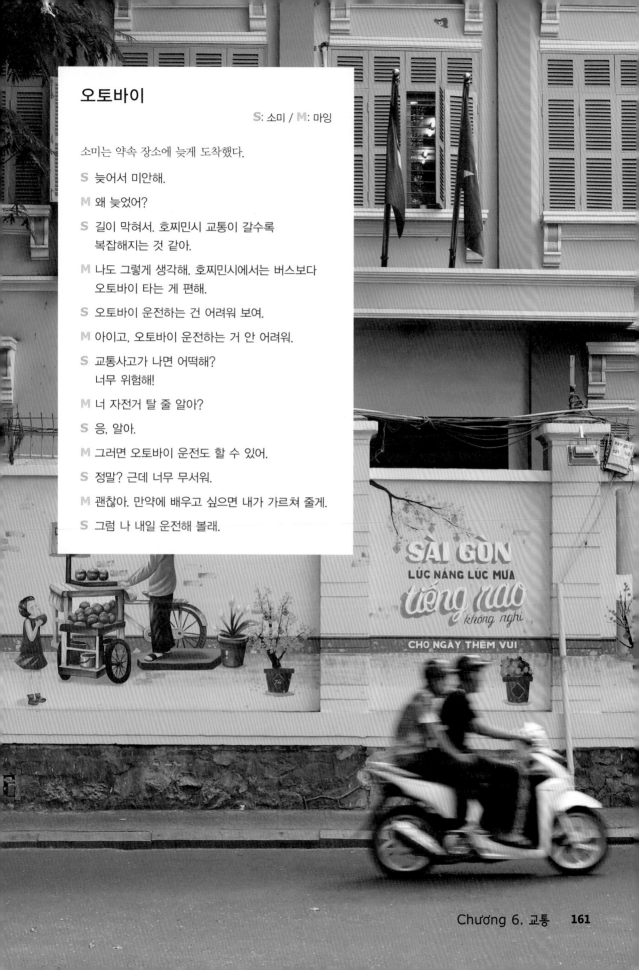

오토바이

S: 소미 / M: 마잉

소미는 약속 장소에 늦게 도착했다.

S 늦어서 미안해.

M 왜 늦었어?

S 길이 막혀서. 호찌민시 교통이 갈수록
   복잡해지는 것 같아.

M 나도 그렇게 생각해. 호찌민시에서는 버스보다
   오토바이 타는 게 편해.

S 오토바이 운전하는 건 어려워 보여.

M 아이고, 오토바이 운전하는 거 안 어려워.

S 교통사고가 나면 어떡해?
   너무 위험해!

M 너 자전거 탈 줄 알아?

S 응, 알아.

M 그러면 오토바이 운전도 할 수 있어.

S 정말? 근데 너무 무서워.

M 괜찮아. 만약에 배우고 싶으면 내가 가르쳐 줄게.

S 그럼 나 내일 운전해 볼래.

Trạm xăng dầu
짬 쌍 저우

S: Somi / H: Huyền / N: Người đi đường / N: Nhân viên
응으어이 디 드엉 / 년 비엔

chở 나르다, 태우다	Huyền đang chở Somi đến khách sạn. 후이엔 당 쩌 소미 덴 카익 싼.
hết xăng 기름이 다 떨어지다	H Trời ơi, xe máy sắp hết xăng rồi. 쩌이 어이, 쌔 마이 쌉 헷 쌍 조이.
nhỉ 혼잣말의 뉘앙스를 나타내거나 상대의 동의를 구할 때 사용	S Bây giờ chúng ta làm thế nào nhỉ? 버이 저 쭝 따 람 테 나오 니?
trạm xăng dầu 주유소	H Để tớ hỏi. Anh ơi, có trạm xăng dầu gần đây không ạ? 데 떠 허이. 아잉 어이, 꺼 짬 쌍 저우 건 더이 콩 아?
khá 상당히, 꽤	N Có một trạm khá lớn ở ngã ba thứ nhất. 꺼 몯 짬 카 런 어 응아 바 트 녇.
ngã ba 삼거리	H Ồ, may quá. Cảm ơn anh nhiều. 오, 마이 꾸아. 깜 언 아잉 니에우.
	(Huyền đến trạm xăng dầu.) (후이엔 덴 짬 쌍 저우.)
đổ 붓다, 쏟다	N Chị muốn đổ bao nhiêu? 찌 무온 도 바오 니에우?
đổ đầy bình (주유소에서) 가득 채워 주세요 (đổ 붓다, đầy 가득, bình 통)	H Đổ đầy bình cho tôi. 도 더이 빙 쩌 또이.
	N 100.000 đồng ạ. 몯 짬 응인 동 아.
	H Sao đắt thế, anh? Mấy ngày trước em cũng đổ đầy bình mà chỉ 80.000 đồng thôi. 싸오 닫 테, 아잉? 머이 응아이 쯔억 앰 꿍 도 더이 빙 마 찌 땀 므어이 응인 동 토이.
giá xăng 기름값	N Sáng nay giá xăng mới tăng rồi. 쌍 나이 자 쌍 머이 땅 조이.
thiếu 모자라다, 부족하다	H Ôi trời, tớ thiếu 20.000 đồng rồi. Somi ơi, cho tớ mượn 20.000 đồng. 오이 쩌이, 떠 티에우 하이 므어이 응인 동 조이. 소미 어이, 쩌 떠 므언 하이 므어이 응인 동.
mượn 빌리다	

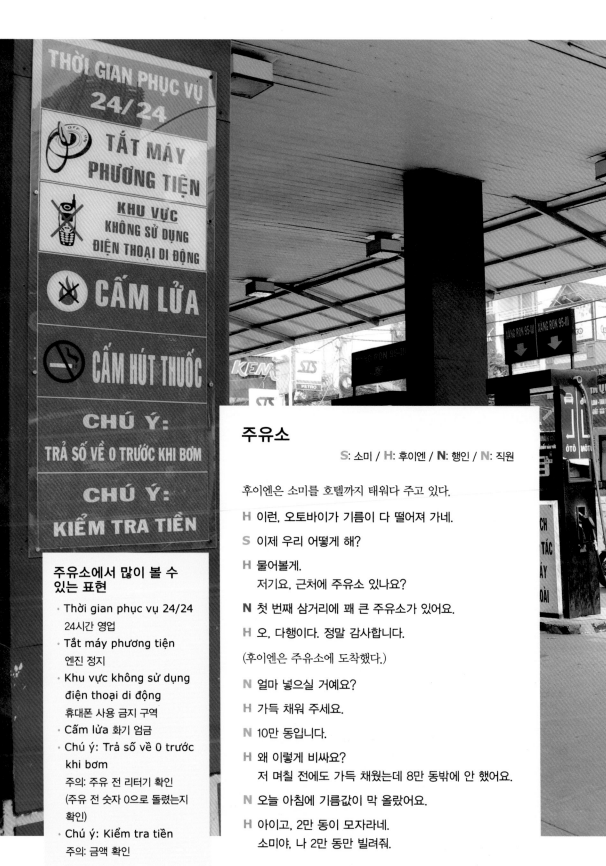

주유소

S: 소미 / H: 후이엔 / N: 행인 / N: 직원

후이엔은 소미를 호텔까지 태워다 주고 있다.

H 이런, 오토바이가 기름이 다 떨어져 가네.

S 이제 우리 어떻게 해?

H 물어볼게.
저기요, 근처에 주유소 있나요?

N 첫 번째 삼거리에 꽤 큰 주유소가 있어요.

H 오, 다행이다. 정말 감사합니다.

(후이엔은 주유소에 도착했다.)

N 얼마 넣으실 거예요?

H 가득 채워 주세요.

N 10만 동입니다.

H 왜 이렇게 비싸요?
저 며칠 전에도 가득 채웠는데 8만 동밖에 안 했어요.

N 오늘 아침에 기름값이 막 올랐어요.

H 아이고, 2만 동이 모자라네.
소미야, 나 2만 동만 빌려줘.

주유소에서 많이 볼 수 있는 표현

· Thời gian phục vụ 24/24
24시간 영업
· Tắt máy phương tiện
엔진 정지
· Khu vực không sử dụng
điện thoại di động
휴대폰 사용 금지 구역
· Cấm lửa 화기 엄금
· Chú ý: Trả số về 0 trước
khi bơm
주의: 주유 전 리터기 확인
(주유 전 숫자 0으로 돌렸는지
확인)
· Chú ý: Kiểm tra tiền
주의: 금액 확인

\# 그다음에는 어떻게 가요?

Sau đó thì đi thế nào ạ?
싸우 더 티 디 테 나오 아?

Sau đó thì sao ạ?
싸우 더 티 싸오 아?

\# 그런 것 같아.

Có lẽ là như thế.
꺼 래 라 니으 테.

Chắc là vậy.
짝 라 버이.

\# 우리 거의 다 왔니?

Chúng ta sắp đến chưa?
쭝 따 쌉 덴 쯔어?

Chúng ta gần đến chưa?
쭝 따 건 덴 쯔어?

\# 앞쪽에서 공사 중이라서요.

Vì phía trước đang thi công ạ.
비 피어 쯔억 당 티 꽁 아.

Vì phía trước đang có công trình ạ.
비 피어 쯔억 당 꺼 꽁 찐 아.

여기서 거기까지 3㎞ 정도밖에 안 돼요.

Từ đây đến đó khoảng 3km thôi ạ.
뜨 더이 덴 더 코앙 바 낄로맫 토이 아.

Từ đây đến đó khoảng 3 cây số thôi ạ.
뜨 더이 덴 더 코앙 바 꺼이 쏘 토이 아.

소미는 약속 장소에 늦게 도착했다.

Somi đến chỗ hẹn muộn.
소미 덴 쪼 핸 무온.

Somi đến nơi hẹn muộn.
소미 덴 너이 핸 무온.

나 내가 어디에 있는지 모르겠어.

Tớ không biết tớ đang ở chỗ nào.
떠 콩 비엗 떠 당 어 쪼 나오.

Tớ không biết tớ đang ở đâu.
떠 콩 비엗 떠 당 어 더우.

그러면 오토바이 운전도 할 수 있어.

Thế thì cậu cũng có thể lái xe máy.
테 티 꺼우 꿍 꺼 테 라이 쌔 마이.

Thế thì cậu cũng có thể chạy xe máy.
테 티 꺼우 꿍 꺼 테 짜이 쌔 마이.

베트남어 제대로 써먹는다!

Việt Nam

Việt Nam   Việt Nam   Việt Nam

1 저기요. 왜 이렇게 길이 막혀요?

● Sao _____ thế, anh?

2 저를 따라오세요.

● Chị _____ tôi.

3 소미는 약속 장소에 가는 길이다.

● Somi đang _____ chỗ hẹn.

4 길 잃어버렸어?

● Cậu bị _____ hả?

5 여기서 쑤오이띠엔 공원까지 멀어?

● Từ đây đến công viên Suối Tiên _____ ?

6 내릴 때까지 표 가지고 있어야 해.

● Cậu phải giữ vé _____ xuống xe nhé.

7 교통사고가 나면 어떡해?

● Nếu xảy ra _____ thì sao?

8 지금 몇 시예요?

● Bây giờ là _____ rồi?

답안 >>
1. tắc đường 2. đi theo 3. trên đường đến 4. lạc đường
5. có xa không 6. đến khi 7. tai nạn giao thông 8. mấy giờ

9 호찌민시 교통이 갈수록 복잡해지는 것 같아.

> 🗨 Tớ thấy giao thông thành phố Hồ Chí Minh
> phức tạp.

10 오토바이 운전하는 건 어려워 보여.

> 🗨 ＿＿＿＿＿＿＿ trông có vẻ khó.

11 거기까지 15분 안에 갈 수 있을까요?

> 🗨 Có thể đến đó ＿＿＿＿＿ 15 phút được không ạ?

12 지금 러시아워라 길이 꽤 막히는데.

> 🗨 Bây giờ là ＿＿＿＿＿＿ nên tắc đường lắm.

13 이 길 끝까지 직진해서 좌회전하세요.

> 🗨 Chị ＿＿＿＿＿ đến cuối đường này thì ＿＿＿＿.

14 편도 표요 아니면 왕복표요?

> 🗨 Anh muốn mua vé ＿＿＿＿＿＿ hay vé ＿＿＿＿＿ ?

15 며칠에 가실 거예요?

> 🗨 Anh muốn đi ＿＿＿＿＿＿ ?

16 다른 길로 돌아가야 할 것 같아요.

> 🗨 Chắc là chúng ta phải ＿＿＿＿ đường khác.

9. càng ngày càng 10. Lái xe máy 11. trong vòng 12. giờ cao điểm
13. đi thẳng / rẽ trái 14. một chiều / khứ hồi 15. ngày nào 16. đi vòng

Chương 7

Làm quen & Giao tiếp

친구 사귀기 & 어울리기

베트남 맥주를 즐기려면?

베트남어로 맥주는 **bia** 비어입니다. 마트나 편의점에 가면
10,000~20,000동(약 500~1,000원) 내외로 살 수 있습니다.
각 지역을 대표하는 맥주로, 하노이는 하노이 맥주 **bia Hà Nội**,
다낭은 라루 맥주 **bia larue**, 호찌민시는 사이공 맥주 **bia Sài Gòn**가
유명합니다. 여럿이 모인 술자리에서 건배할 때 보통
'**Một, hai, ba, dô!** 몯, 하이, 바, 조!(하나, 둘, 셋, 짠!)'라고 외칩니다.
베트남에서 맥주 한잔할 만한 곳은 어디일까요?

하노이 **따히엔** Tạ Hiện **거리**

하노이 구시가지에 위치하며 '**Phố Tây** 포 떠이(맥주 거리)'라고도
불립니다. 낮에는 조용하지만, 저녁에는 언제 그랬냐는 듯 골목
전체에 의자와 테이블이 깔립니다. 그러면 시원한 맥주를 마시려는
사람들이 하나둘 모여 금세 북적입니다. 이곳은 맥주와 안주 모두
저렴합니다. 생맥주 **bia hơi** 비어 허이를 단돈 5,000동(약 250원)이면
즐길 수 있어요. 골목 안쪽으로 들어가면 바비큐를 파는 가게가
많은데, 인기 안주입니다. 자정 무렵에는 문을 닫으니 참고하세요.
금, 토, 일요일에는 근처 골목에서 야시장이 열리므로, 이때 맥주
거리를 간다면 야시장도 같이 구경해 보세요.

호찌민 **부이비엔** Bùi Viện **거리**

여행자 거리라 불리는 Đề Thám 데 탐, Phạm Ngũ Lão 팜 응우 라오 거리와 이어져 있습니다. 그래서 여행자들이 저렴하게 이용할 수 있는 게스트하우스, 호텔, 식당, 술집 등이 많습니다. 여행사도 몰려 있고, 여기서 출발하는 버스가 많아 호찌민에서 다른 지역으로 이동하기 전 식사를 하기에 좋습니다.

이 거리도 저녁에는 사람들로 가득합니다. 가게 안에서 술을 마시기보다는 밖에 앉아 거리의 흥겨움을 몸소 느끼며 마시는 게 제맛이에요. 호찌민시 식당들이 대부분 10~11시면 문을 닫지만, 부이비엔 거리의 술집과 식당은 보통 새벽까지 문을 열어요. 일찍 잠들기 아쉽다면 이곳으로 오세요.

Đến thăm nhà
덴 탐 냐

P: Phương / S: Somi

gia đình
가족
chuyển nhà
이사하다

Gia đình của Phương vừa chuyển nhà. Somi đến nhà Phương chơi.
자 딩 꾸어 프엉 브어 쭈이엔 냐. 소미 덴 냐 프엉 쩌이.

P Ai đấy?
아이 더이?

S Tớ là Somi đây.
떠 라 소미 더이.

P Cậu đến rồi à! Vào đi.
꺼우 덴 조이 아! 바오 디.

rộng
넓은

S Ồ, nhà rộng quá! Tớ có thể xem nhà được không?
오, 냐 종 꾸아! 떠 꺼 테 쌤 냐 드억 콩?

P Được chứ. Cậu đi theo tớ nhé.
Tớ sẽ giới thiệu cho cậu.
드억 쯔. 꺼우 디 태오 떠 냬. 떠 쌔 저이 티에우 쩌 꺼우.

S Nhà này có mấy phòng vậy?
냐 나이 꺼 머이 펑 버이?

phòng ngủ
침실
phòng khách
거실
nhà bếp
주방

P 5 phòng: 3 phòng ngủ, 1 phòng khách, 1 nhà bếp.
Tầng một là phòng khách và nhà bếp.
Phòng của tớ ở tầng hai. Đây là phòng của tớ.
남 펑: 바 펑 응우, 몯 펑 카익, 몯 냐 벱. 떵 몯 라 펑 카익 바 냐 벱.
펑 꾸어 떠 어 떵 하이. 더이 라 펑 꾸어 떠.

S Phòng này đẹp đấy!
펑 나이 댑 더이!

P Cậu có muốn ăn gì không? Tớ sẽ nấu cho cậu.
꺼우 꺼 무온 안 지 콩? 떠 쌔 너우 쩌 꺼우.

gì cũng
무엇이든
* 의문사+cũng: ~든지
nào cũng 나오 꿍
어떤 것이든,
ai cũng 아이 꿍
누구든, 누구나,
khi nào cũng 키 나오 꿍
언제든
nhà vệ sinh
화장실

S Tớ ăn gì cũng được.
떠 안 지 꿍 드억.

P Chúng ta đi xuống nhà bếp nhé.
쭝 따 디 쑤옹 냐 벱 냬.

S Ừ. Tớ dùng nhà vệ sinh được không?
으. 떠 중 냐 베 씽 드억 콩?

P Được chứ. Nhà vệ sinh ở bên cạnh phòng khách.
드억 쯔. 냐 베 씽 어 벤 까잉 펑 카익.

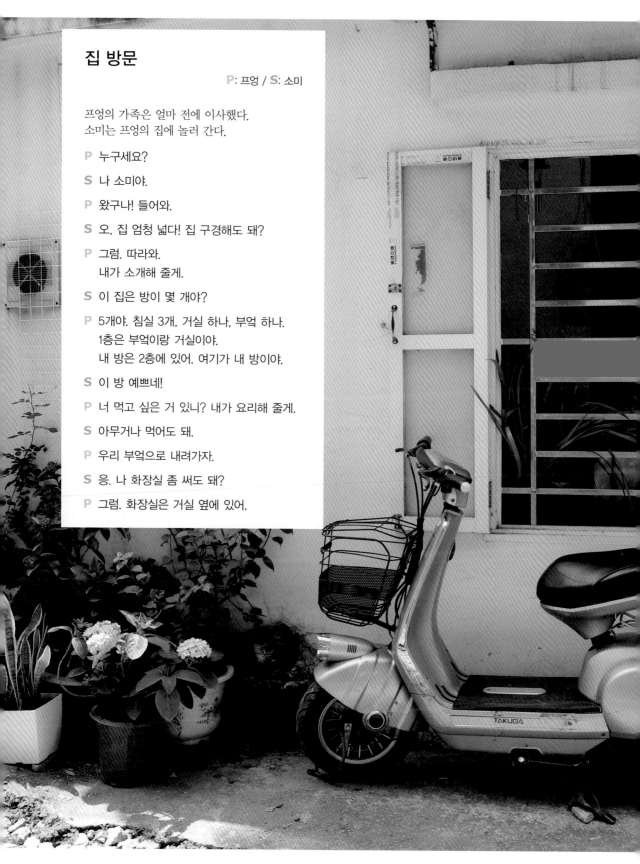

집 방문

P: 프엉 / S: 소미

프엉의 가족은 얼마 전에 이사했다.
소미는 프엉의 집에 놀러 간다.

P 누구세요?

S 나 소미야.

P 왔구나! 들어와.

S 오. 집 엄청 넓다! 집 구경해도 돼?

P 그럼. 따라와.
   내가 소개해 줄게.

S 이 집은 방이 몇 개야?

P 5개야. 침실 3개, 거실 하나, 부엌 하나.
   1층은 부엌이랑 거실이야.
   내 방은 2층에 있어. 여기가 내 방이야.

S 이 방 예쁘네!

P 너 먹고 싶은 거 있니? 내가 요리해 줄게.

S 아무거나 먹어도 돼.

P 우리 부엌으로 내려가자.

S 응. 나 화장실 좀 써도 돼?

P 그럼. 화장실은 거실 옆에 있어.

Giới thiệu gia đình
저이 티에우 자 딩

S: Somi / P: Phương

album ảnh 사진 앨범	Sau khi ăn cơm, Somi xem album ảnh của Phương. 싸우 키 안 껌, 소미 쌤 안 붐 아잉 꾸어 프엉.
~ là ai? ~은 누구입니까?	**S** Người này là ai, Phương? 응으어이 나이 라 아이, 프엉?
chị gái 누나, 언니	**P** Chị gái của tớ. 찌 가이 꾸어 떠.
anh chị em 형제자매	**S** Cậu có mấy anh chị em? 꺼우 꺼 머이 아잉 찌 앰?
anh trai 형, 오빠	**P** Tớ có 3 anh chị em. Anh trai, chị gái và tớ. 떠 꺼 바 아잉 찌 앰. 아잉 짜이, 찌 가이 바 떠.
giống 닮다; 같다	**S** Ồ, cậu giống bố nhiều. 오, 꺼우 종 보 니에우.
	P Ừ. Còn anh trai và chị gái tớ giống mẹ. 으. 껀 아잉 짜이 바 찌 가이 떠 종 매.
kỹ sư 기술자, 엔지니어 giáo viên 선생님, 교사	**S** Hai anh chị của cậu làm nghề gì? 하이 아잉 찌 꾸어 꺼우 람 응에 지?
kết hôn 결혼	**P** Anh trai tớ là kỹ sư. Còn chị gái tớ là giáo viên. 아잉 짜이 떠 라 끼 쓰. 껀 찌 가이 떠 라 자오 비엔.
năm ngoái 작년	**S** Anh chị của cậu đã kết hôn chưa? 아잉 찌 꾸어 꺼우 다 껟 혼 쯔어?
con gái 딸 lấy chồng 남편을 얻다(여자가 결혼함) (lấy vợ 러이 버 아내를 얻다(남자가 결혼함)) cháu 조카 đáng yêu 사랑스럽다, 귀엽다	**P** Anh trai tớ đã kết hôn vào năm ngoái và có một con gái. Còn chị gái tớ thì chưa lấy chồng. Đây là ảnh của cháu tớ. 아잉 짜이 떠 다 껟 혼 바오 남 응오아이 바 꺼 몯 껀 가이. 껀 찌 가이 떠 티 쯔어 러이 쫑. 더이 라 아잉 꾸어 짜우 떠.
	S Ôi, đáng yêu quá! 오이, 당 이에우 꾸아!
em gái 여동생 em trai 남동생 con cả 맏이 (con út 껀 욷 막내)	**P** Gia đình của cậu có mấy người? 자 딩 꾸어 꺼우 꺼 머이 응으어이?
	S Gia đình của tớ cũng có 5 người. Tớ có em gái và em trai. Tớ là con cả. 자 딩 꾸어 떠 꿍 꺼 남 응으어이. 떠 꺼 앰 가이 바 앰 짜이. 떠 라 껀 까.

가족 소개

S: 소미 / P: 프엉

밥을 먹은 후, 소미는 프엉의 사진 앨범을 보고 있다.

S 이 사람은 누구야, 프엉?

P 우리 언니야.

S 너 형제자매가 몇 명이야?

P 삼남매야. 오빠, 언니, 그리고 나.

S 오, 너 아빠를 많이 닮았네.

P 응. 오빠랑 언니는 엄마를 닮았고.

S 너희 언니 오빠는 무슨 일 하셔?

P 우리 오빠는 엔지니어야. 그리고 언니는 선생님이야.

S 너희 언니 오빠 결혼했어?

P 오빠는 작년에 결혼했고 딸 하나 있어. 언니는 아직
  결혼 안 했어.
  이건 조카 사진이야.

S 와, 너무 귀엽다!

P 너희 가족은 몇 명이야?

S 우리 가족도 다섯 명이야.
  난 여동생이랑 남동생이 있어. 내가 첫째야.

Giới thiệu bạn
저이 티에우 반

H: Huyền / S: Somi / T: Thiên

Huyền giới thiệu Thiên cho Somi.
후이엔 저이 티에우 티엔 쩌 소미.

H Somi ơi, đây là Thiên, bạn của tớ.
Còn đây là Somi.
소미 어이, 더이 라 티엔, 반 꾸어 떠. 껀 더이 라 소미.

Rất vui được gặp+
상대방 호칭/이름 :
만나서 반갑습니다.

S Rất vui được gặp Thiên.
Tớ tên là Somi.
졋 부이 드억 갑 티엔. 떠 뗀 라 소미.

T Tớ đã nghe nhiều về cậu.
떠 다 응애 니에우 베 꺼우.

S Cậu đang làm nghề gì?
꺼우 당 람 응에 지?

sinh viên
대학생
tốt nghiệp
졸업하다
đại học
대학
chuyên ngành
전공, 전문 분야

T Tớ là sinh viên, chưa tốt nghiệp đại học.
떠 라 씽 비엔, 쯔어 똗 응이엡 다이 헉.

S Chuyên ngành của cậu là gì?
쭈이엔 응아잉 꾸어 꺼우 라 지?

T Chuyên ngành của tớ là tiếng Hàn.
쭈이엔 응아잉 꾸어 떠 라 띠엥 한.

S Ồ, thật à?
Cậu thấy tiếng Hàn thế nào?
오, 턷 아? 꺼우 터이 띠엥 한 테 나오?

tuy A nhưng B
비록 A할지라도 B하다
văn hóa
문화
chẳng hạn như
예를 들면
phim truyền hình
드라마
âm nhạc
음악
v.v
(vân vân의 약어)
기타 등등
tìm việc làm
일자리를 찾다

T Tuy ngữ pháp khó nhưng tớ thấy khá thú vị.
Tớ thích văn hóa Hàn Quốc, chẳng hạn như:
món ăn, phim truyền hình, âm nhạc v.v.
Còn cậu? Cậu đang làm nghề gì?
뚜이 응으 팝 커 니응 떠 터이 카 투 비.
떠 틱 반 호아 한 꾸옥, 짱 한 니으: 먼 안, 핌 쭈이엔 힝, 엄 냑 번 번.
껀 꺼우? 꺼우 당 람 응에 지?

S Tớ vừa tốt nghiệp đại học.
Sau khi về Hàn Quốc, tớ sẽ tìm việc làm.
떠 브어 똗 응이엡 다이 헉. 싸우 키 베 한 꾸옥, 떠 쌔 띰 비엑 람.

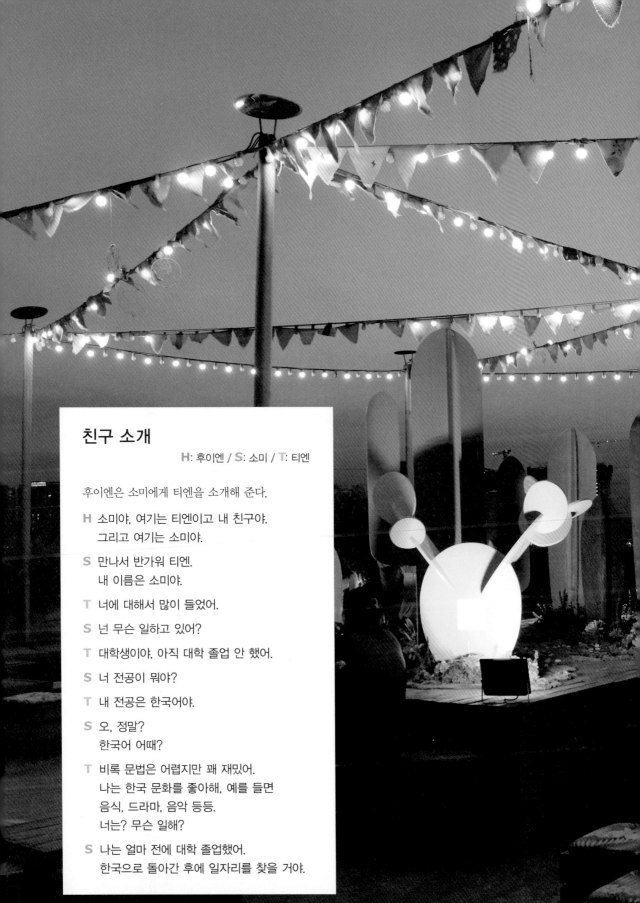

친구 소개

H: 후이엔 / **S**: 소미 / **T**: 티엔

후이엔은 소미에게 티엔을 소개해 준다.

H 소미야, 여기는 티엔이고 내 친구야.
그리고 여기는 소미야.

S 만나서 반가워 티엔.
내 이름은 소미야.

T 너에 대해서 많이 들었어.

S 넌 무슨 일하고 있어?

T 대학생이야, 아직 대학 졸업 안 했어.

S 너 전공이 뭐야?

T 내 전공은 한국어야.

S 오, 정말?
한국어 어때?

T 비록 문법은 어렵지만 꽤 재밌어.
나는 한국 문화를 좋아해, 예를 들면
음식, 드라마, 음악 등등.
너는? 무슨 일해?

S 나는 얼마 전에 대학 졸업했어.
한국으로 돌아간 후에 일자리를 찾을 거야.

Bài 4

Tiệc sinh nhật
띠엑 씽 녇

M: Mạnh / S: Somi

tiệc sinh nhật
생일 파티

Somi và Mạnh nói chuyện về tiệc sinh nhật của Linh.
소미 바 마잉 너이 쭈이엔 베 띠엑 씽 녇 꾸어 링.

M Somi ơi, cậu sẽ làm gì vào thứ bảy tuần này?
소미 어이, 꺼우 쌔 람 지 바오 트 바이 뚜언 나이?

đặc biệt
특별한

S Tớ không có việc gì đặc biệt. Sao thế?
떠 콩 꺼 비엑 지 닥 비엗. 싸오 테?

M Thứ bảy tuần này là sinh nhật của Linh.
트 바이 뚜언 나이 라 씽 녇 꾸어 링.

quên mất
잊어버리다, 깜빡 잊다

S Ôi, tớ quên mất.
오이, 떠 꾸엔 멀.

M Chúng ta chuẩn bị tiệc sinh nhật cho Linh đi.
쭝 따 쭈언 비 띠엑 씽 녇 쩌 링 디.

ý kiến
생각, 의견

tổ chức
조직하다, 시행하다, 열다

S Ý kiến hay đấy. Chúng ta tổ chức ở đâu?
이 끼엔 하이 더이. 쭝 따 또 쯕 어 더우?

M Linh đã nói với tớ muốn đi thử nhà hàng 'Bầu trời'.
링 다 너이 버이 떠 무온 디 트 냐 항 '버우 쩌이'.

nhà hàng Ý
이탈리안 레스토랑
(Ý 이탈리아)

S Nhà hàng đó là nhà hàng Ý phải không?
냐 항 더 라 냐 항 이 파이 콩?

đặt bàn
식당(테이블)을 예약하다

M Ừ. Tớ sẽ đặt bàn trước.
으. 떠 쌔 닫 반 쯔억.

nhóm
집단, 그룹

S Thế thì tớ sẽ liên lạc với các bạn trong nhóm.
테 티 떠 쌔 리엔 락 버이 깍 반 쩡 녑.

bánh sinh nhật
생일 케이크

M A, còn bánh sinh nhật nữa.
Tớ nên mua bánh loại nào?
Sô-cô-la hay là phô mai?

sô-cô-la
초콜릿

phô mai
치즈

아, 껀 바잉 씽 녇 느어. 떠 넨 무어 바잉 로아이 나오? 쏘-꼴-라 하이 라 포 마이?

S Linh thích sô-cô-la hơn.
링 틱 쏘-꼴-라 헌.

M Tớ biết rồi. Tớ sẽ mua nó.
떠 비엗 조이. 떠 쌔 무어 너.

생일 파티

M: 마잉 / S: 소미

생일파티

베트남어로 '생일 축하해.'는
'Chúc mừng sinh nhật.
쪽 믕 씽 녇'이라고 합니다.

소미와 마잉은 링의 생일 파티에 대해 얘기한다.

M 소미야, 이번 주 토요일에 뭐 해?

S 나 특별한 일 없어. 왜?

M 이번 주 토요일이 링 생일이거든.

S 아이고, 깜빡했다.

M 우리 링을 위해서 생일 파티를 준비하자.

S 좋은 생각이야. 어디에서 하지?

M 링이 나한테 '버우쩌이' 음식점 가 보고 싶다고 얘기했었어.

S 그 음식점 이탈리안 레스토랑 맞지?

M 응. 내가 음식점 예약할게.

S 그러면 내가 우리 모임 애들한테 연락할게.

M 아, 생일 케이크가 남았네.
어떤 케이크를 사는 게 좋을까?
초콜릿 아니면 치즈?

S 링은 초콜릿을 더 좋아해.

M 알겠어. 그걸로 살게.

Thể thao
테 타오

H: Hùng / S: Somi

Somi và Hùng đang xem ti vi ở nhà Hùng.
소미 바 훙 당 쌤 띠 비 어 냐 훙.

công viên
공원

H Chán quá. Cậu muốn đi công viên với tớ không?
짠 꾸아. 꺼우 무온 디 꽁 비엔 버이 떠 콩?

S Để làm gì?
데 람 지?

đánh cầu lông
배드민턴 치다
(đánh 때리다, 두드리다,
cầu lông 배드민턴)

H Tớ muốn đánh cầu lông.
떠 무온 다잉 꺼우 롱.

S Hôm nay trời hơi nóng.
홈 나이 쩌이 허이 넝.

bơi
수영하다

H Thế thì cậu muốn đi bơi không?
테 티 꺼우 무온 디 버이 콩?

S Ừ, đi. Cậu có thường xuyên tập thể dục không?
으, 디. 꺼우 꺼 트엉 쑤이엔 떱 테 죽 콩?

thường xuyên
자주
chậy bộ
조깅

H Thường xuyên.
Tớ đến công viên năm lần một tuần để chạy bộ.
트엉 쑤이엔. 떠 덴 꽁 비엔 남 런 몯 뚜언 데 짜이 보.

S Ồ, thế à?
오, 테 아?

H Còn cậu?
껀 꺼우?

thể thao
스포츠

S Tớ chỉ thích xem thể thao trên ti vi thôi.
떠 찌 틱 쌤 테 타오 쩬 띠 비 토이.

môn thể thao
스포츠 종목

H Cậu thường xem môn thể thao nào?
꺼우 트엉 쌤 몬 테 타오 나오?

bóng đá
축구

S Tớ thường xem bóng đá.
Tớ nghe nói người Việt Nam cũng thích bóng đá.
떠 트엉 쌤 벙 다. 떠 응애 너이 응어이 비엗 남 꿍 틱 벙 다.

H Đúng rồi. Tớ cũng vậy.

thức khuya
밤늦게까지 깨어 있다

Thỉnh thoảng tớ thức khuya để xem bóng đá.
틍 토앙. 떠 꿍 버이. 팅 토앙 떠 특 쿠야 데 쌤 벙 다.

베트남의 축구 열기

베트남에서 가장 인기 있는 스포츠는 축구입니다.
하지만 관심에 비해 국가 대표팀은 국제 대회에서 큰
성과를 거두지 못하고 있었어요.
그런데 2017년 10월에 베트남 축구 대표 감독으로
부임한 박항서 감독의 지도 아래 〈2018 AFC U23
챔피언십〉에서 준우승을 거머쥐었습니다. 베트남이
이 대회 결승에 진출한 건 사상 처음이었고, 당시
어디를 가나 축제 분위기였답니다. 박항서 감독은
베트남의 '국민 영웅'이 되었고, 공로를 인정받아 베트남
정부로부터 '3급 노동 훈장'을 받았습니다.
그리고 〈2018 아시안게임〉에서 남자 축구가 4위를
했으며, 이 기세를 몰아 〈2018 AFF 스즈키컵〉에서는
우승컵을 들어 올렸습니다. 결승전이 끝난 날, 붉은
티셔츠를 입고 국기를 흔드는 국민들의 응원 행렬이
늦은 밤까지 끊이지 않았어요. 〈2019 아시안컵〉에서는
8강까지 진출했습니다. 앞으로 베트남 축구가 어디까지
성장할지 기대가 됩니다.

스포츠

H : 훙 / S : 소미

소미와 훙은 훙네 집에서 TV를 보고 있다.

H 너무 심심하다. 나랑 공원 갈래?

S 뭐 하려고?

H 배드민턴 치고 싶어.

S 오늘 날씨가 좀 더워.

H 그러면 수영하러 갈래?

S 그래, 가자. 너 운동 자주 해?

H 자주 해.
조깅하러 일주일에 다섯 번 공원에 가.

S 오, 그래?

H 너는?

S TV에서 스포츠 보는 것만 좋아해.

H 보통 어떤 스포츠 봐?

S 나는 보통 축구를 봐.
베트남 사람들도 축구를 좋아한다고 들었어.

H 맞아. 나도 그래.
가끔 축구 보려고 밤늦게까지 깨어 있어.

Câu lạc bộ
꺼우 락 보

S: Somi / L: Lâm

mãi 계속 **bắt máy** 전화 받다	Somi gọi điện cho Mạnh mãi nhưng chưa thấy Mạnh bắt máy. 소미 거이 디엔 쩌 마잉 마이 니응 쯔어 터이 마잉 받 마이.
	s Tớ đã gọi nhiều lần nhưng Mạnh chưa bắt máy. 떠 다 거이 니에우 런 니응 마잉 쯔어 받 마이.
nhắn tin 문자 (메시지) 보내다 **ít khi** 거의 ~하지 않게, 드물게	**L** Thế cậu nhắn tin đi. Mạnh ít khi xem điện thoại lắm. 테 꺼우 냔 띤 디. 마잉 읻 키 쌤 디엔 토아이 람.
	s Sao Mạnh bận thế nhỉ? 싸오 마잉 번 테 니?
tham gia 참가하다 **hoạt động** 활동; 활동하다 **câu lạc bộ** 동호회, 동아리	**L** Cậu ấy thường xuyên tham gia nhiều hoạt động của các câu lạc bộ. 꺼우 어이 트엉 쑤이엔 탐 자 니에우 호앋 동 꾸어 깍 꺼우 락 보.
	s Câu lạc bộ nào? 꺼우 락 보 나오?
ghi-ta 기타 **quần vợt** 테니스 **gia nhập** 가입하다 **~ hả?** 다시 정확하게 묻거나 놀랐을 때 사용하는 의문사	**L** Câu lạc bộ ghi-ta, chụp ảnh và quần vợt. 꺼우 락 보 기–따, 쭙 아잉 바 꾸언 벋.
	s Mạnh gia nhập 3 câu lạc bộ hả? 마잉 자 녑 바 꺼우 락 보 하?
	L Ừ, cậu ấy thích gặp nhiều người. 으, 꺼우 어이 틱 갑 니에우 응으어이.
	s Cậu có gia nhập câu lạc bộ nào không? 꺼우 꺼 자 녑 꺼우 락 보 나오 콩?
	L Không. 콩.
	s Sao không? 싸오 콩?
nghe nhạc 음악을 듣다 **đọc sách** 책을 읽다 **đi ra ngoài** 밖에 나가다, 외출하다	**L** Tớ thích ở nhà một mình, nghe nhạc và đọc sách. Tớ không thích đi ra ngoài nhiều. 떠 틱 어 냐 몯 밍, 응애 낙 바 덕 싸익. 떠 콩 틱 디 자 응오아이 니에우.

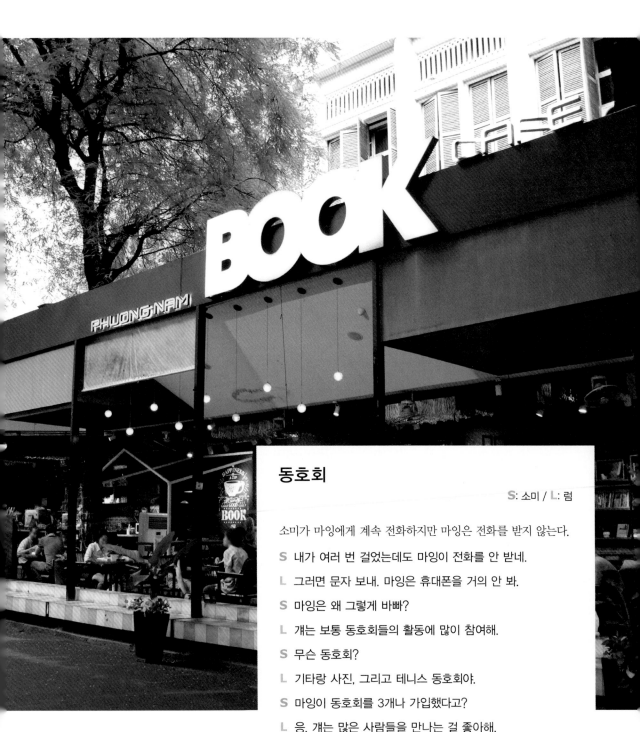

동호회

S: 소미 / L: 럼

소미가 마잉에게 계속 전화하지만 마잉은 전화를 받지 않는다.

S 내가 여러 번 걸었는데도 마잉이 전화를 안 받네.

L 그러면 문자 보내. 마잉은 휴대폰을 거의 안 봐.

S 마잉은 왜 그렇게 바빠?

L 걔는 보통 동호회들의 활동에 많이 참여해.

S 무슨 동호회?

L 기타랑 사진, 그리고 테니스 동호회야.

S 마잉이 동호회를 3개나 가입했다고?

L 응, 걔는 많은 사람들을 만나는 걸 좋아해.

S 넌 동호회에 가입했어?

L 아니.

S 왜 안 했어?

L 나는 집에서 혼자 음악 듣고 책 읽는 걸 좋아해.
  밖에 나가는 걸 별로 좋아하지 않아.

Bài 7

Hình mẫu lý tưởng
힝 머우 리 뜨엉

H: Huyền / S: Somi / T: Thủy

hình mẫu lý tưởng
이상형
(hình mẫu 모델, 표본,
lý tưởng 이상)

bạn trai
남자 친구 (연인 관계)
(bạn gái 반 가이
여자 친구,
người yêu 응으어이
이에우 애인)

yêu nhau
서로 사랑하다(사귀다)

chúng tớ
우리
(= chúng tôi 쭝 또이)

hẹn hò
사귀다, 데이트하다

chia tay
헤어지다

Somi, Huyền và Thủy nói chuyện về bạn trai.
소미, 후이엔 바 투이 너이 쭈이엔 베 반 짜이.

H Somi có bạn trai chưa?
소미 꺼 반 짜이 쯔어?

S Ừ, tớ có bạn trai rồi.
으, 떠 꺼 반 짜이 조이.

H Các cậu yêu nhau bao lâu rồi?
깍 꺼우 이에우 냐우 바오 러우 조이?

S Chúng tớ yêu nhau 1 năm rồi.
쭝 떠 이에우 냐우 몯 남 조이.

H Còn Thủy?
Cậu vẫn còn hẹn hò với anh ấy phải không?
껀 투이? 꺼우 번 껀 핸 허 버이 아잉 어이 파이 콩?

T Không. Tớ chia tay rồi.
콩. 떠 찌어 따이 조이.

H Thật hả? Tại sao?
턷 하? 따이 싸오?

cãi nhau
싸우다

nhỏ nhặt
사소한, 중요하지 않은

**người đàn ông lý
tưởng**
이상형, 이상형의 남자
(người phụ nữ lý
tưởng 응으어이 푸 느 리
뜨엉 이상형의 여자)

tốt bụng
착한, 마음이 따뜻한

ngoại hình
외모, 외형

đẹp trai
잘생기다

T Chúng tớ cãi nhau nhiều chỉ vì những việc nhỏ nhặt.
Cậu biết ai thì giới thiệu cho tớ đi.
쭝 떠 까이 냐우 니에우 찌 비 니응 비엑 녀 냗. 꺼우 비엗 아이 티 저이 티에우 쩌 떠 디.

S Người đàn ông lý tưởng của cậu là người thế nào?
응으어이 단 옹 리 뜨엉 꾸어 꺼우 라 응으어이 테 나오?

T Người tốt bụng.
응으어이 똗 붕.

S Ngoại hình thì sao?
응오아이 힝 티 싸오?

T Tớ nghĩ ngoại hình không quan trọng.
Nhưng đẹp trai thì tốt hơn.
떠 응이 응오아이 힝 콩 꾸안 쩡. 니응 댑 짜이 티 똗 헌.

이상형

H: 후이엔 / S: 소미 / T: 투이

소미, 후이엔과 투이는 남자 친구에 대해 이야기한다.

H 소미는 남자 친구 있어?

S 응, 남자 친구 있어.

H 너희 사귄 지 얼마나 됐어?

S 우리 사귄 지 1년 됐어.

H 그러면 투이는?
아직 그 사람이랑 사귀는 거지?

T 아니. 헤어졌어.

H 진짜? 왜?

T 우리는 사소한 일로 너무 많이 싸웠어.
아는 사람 있으면 소개 좀 해줘.

S 네 이상형은 어떤 사람이야?

T 착한 사람.

S 외모는?

T 외모는 중요하지 않다고 생각해.
그런데 잘생기면 더 좋지.

'솔로'를 베트남어로?

ế 에는 '장사가 안되는 경우'로, 애인이
없는 '솔로', '싱글'을 말하기도 합니다.
'Tôi vẫn ế. 또이 번 에.'는 '나는 여전히
솔로야.'라는 뜻입니다.

Buổi hẹn hò

부오이 핸 허

H: Huyền / S: Somi / T: Thủy

Sau buổi hẹn hò, Thủy gặp lại hai người bạn ở một quán cà phê.
싸우 부오이 핸 허, 투이 갑 라이 하이 응으어이 반 어 몯 꾸안 까 페.

H Thủy ơi, buổi hẹn hò thế nào?
투이 어이, 부오이 핸 허 테 나오?

S Cậu thích anh ấy không?
꺼우 틱 아잉 어이 콩?

T Tớ thấy buổi hẹn hò với anh ấy vui lắm.
떠 터이 부오이 핸 허 버이 아잉 어이 부이 람.

S Thế à? Anh ấy bao nhiêu tuổi?
Anh ấy là người như thế nào?
테 아? 아잉 어이 바오 니에우 뚜오이? 아잉 어이 라 응으어이 니으 테 나오?

T Anh ấy 27 tuổi. Anh ấy vừa hiền lành vừa vui tính.
Chúng tớ có nhiều điểm chung.
아잉 어이 하이 므어이 바이 뚜오이. 아잉 어이 브어 히엔 라잉 브어 부이 띵.
쭝 떠 꺼 니에우 디엠 쭝.

H Cậu có gặp lại anh ấy không?
꺼우 꺼 갑 라이 아잉 어이 콩?

T Có. Chúng tớ hẹn gặp nhau vào cuối tuần này.
꺼. 쭝 떠 핸 갑 냐우 바오 꾸오이 뚜언 나이.

S Thích thế! Các cậu có kế hoạch gì chưa?
틱 테! 깍 꺼우 꺼 께 호아익 지 쯔어?

T Chúng tớ định xem phim và ăn tối.
Tớ nên mặc quần áo như thế nào?
쭝 떠 딩 쌤 핌 바 안 또이. 떠 넨 막 꾸언 아오 니으 테 나오?

H Cậu mặc áo sơ mi và váy đi.
꺼우 막 아오 써 미 바 바이 디.

S Mặc váy đầm đẹp hơn.
막 바이 덤 댑 헌.

T Thôi, thôi. Bây giờ chúng ta đi mua sắm nhé.
토이, 토이. 버이 저 쭝 따 디 무어 쌈 내.

buổi hẹn hò
데이트

bao nhiêu tuổi?
몇 살이야?
(나이를 묻는 표현,
bao nhiêu 얼마나,
tuổi 나이)

hiền lành
착한, 선량한

vui tính
활달한, 즐거운

điểm chung
공통점

xem phim
영화를 보다

váy
치마

thôi, thôi
그만, 그만
(논쟁, 언쟁 등을 말릴 때)

데이트

: 후이엔 / **S**: 소미 / **T**: 투이

데이트 후, 투이는 두 친구와 카페에서 다시 만났다.

H 투이야, 데이트 어땠어?

S 그 남자 마음에 들었니?

T 그 사람과의 데이트는 아주 즐거웠어.

S 그래? 그 사람 몇 살이야?
어떤 사람이니?

T 27살이야. 그 사람은 착하고 유쾌해.
우리는 공통점이 많아.

H 그 사람 다시 만날 거야?

T 응. 우리 이번 주 주말에 만나기로 했어.

S 좋겠다! 너희 뭐 할 계획이야?

T 우리 영화 보고 저녁 먹을 거야.
옷을 어떻게 입는 게 좋을까?

H 셔츠랑 치마 입어.

S 원피스 입는 게 더 예뻐.

T 그만, 그만. 지금 우리 쇼핑하러 가자.

너희 언니 오빠 결혼했어?

Anh chị của cậu đã kết hôn chưa?
아잉 찌 꾸어 꺼우 다 껟 혼 쯔어?

Anh chị của cậu đã lập gia đình chưa?
아잉 찌 꾸어 꺼우 다 럽 자 딩 쯔어?

배드민턴 치고 싶어.

Tớ muốn đánh cầu lông.
떠 무온 다잉 꺼우 롱.

Tớ muốn chơi cầu lông.
떠 무온 쩌이 꺼우 롱.

소미는 남자 친구 있어?

Somi có bạn trai chưa?
소미 꺼 반 짜이 쯔어?

Somi có người yêu chưa?
소미 꺼 응으어이 이에우 쯔어?

한국으로 돌아간 후에 일자리를 찾을 거야.

Sau khi về Hàn Quốc, tớ sẽ tìm việc làm.
싸우 키 베 한 꾸옥, 떠 쌔 띰 비엑 람.

Sau khi về Hàn Quốc, tớ sẽ xin việc.
싸우 키 베 한 꾸옥, 떠 쌔 씬 비엑.

옷을 어떻게 입는 게 좋을까?

Tớ nên mặc quần áo như thế nào?
떠 넨 막 꾸언 아오 니으 테 나오?

Tớ nên mặc đồ như thế nào?
떠 넨 막 도 니으 테 나오?

소미가 마잉에게 계속 전화하지만 마잉은 전화를 받지 않는다.

Somi gọi điện cho Mạnh mãi nhưng chưa thấy Mạnh bắt máy.
소미 거이 디엔 쩌 마잉 마이 니응 쯔어 터이 마잉 받 마이.

Somi gọi điện cho Mạnh mãi nhưng chưa thấy Mạnh nhấc máy.
소미 거이 디엔 쩌 마잉 마이 니응 쯔어 터이 마잉 녁 마이.

그러면 내가 우리 모임 애들한테 연락할게.

Thế thì tớ sẽ liên lạc với các bạn trong nhóm.
테 티 떠 쌔 리엔 락 버이 깍 반 쩡 념.

Thế thì tớ sẽ gọi cho các bạn trong nhóm.
테 티 떠 쌔 거이 쩌 깍 반 쩡 념.

그 사람은 착하고 유쾌해.

Anh ấy vừa hiền lành vừa vui tính.
아잉 어이 브어 히엔 라잉 브어 부이 띵.

Anh ấy vừa hiền lành vừa hài hước.
아잉 어이 브어 히엔 라잉 브어 하이 흐억.

 베트남어 제대로 써먹는다!

1　이 사람은 누구야, 프엉?

　　🗨 Người này _____ , Phương?

2　너희 가족은 몇 명이야?

　　🗨 Gia đình của cậu _____ ?

3　만나서 반가워 티엔. 내 이름은 소미야.

　　🗨 _____ Thiên. Tớ tên là Somi.

4　비록 문법은 어렵지만 꽤 재밌어.

　　🗨 _____ ngữ pháp khó _____ tớ thấy khá thú vị.

5　그래? 그 사람 몇 살이야?

　　🗨 Thế à? Anh ấy _____ ?

6　너 전공이 뭐야?

　　🗨 _____ của cậu là gì?

7　프엉의 가족은 얼마 전에 이사했다.

　　🗨 Gia đình của Phương vừa _____ .

8　그러면 문자 보내.

　　🗨 Thế cậu _____ đi.

답안 >>
1. là ai 2. có mấy người 3. Rất vui được gặp 4. Tuy / nhưng
5. bao nhiêu tuổi 6. Chuyên ngành 7. chuyển nhà 8. nhắn tin

9 나는 한국 문화를 좋아해. 예를 들면 음식, 드라마, 음악 등등.

🍙 Tớ thích văn hóa Hàn Quốc, [   ]:
   món ăn, phim truyền hình, âm nhạc v.v.

10 아이고, 깜빡했다.

🍙 Ôi, tớ [   ].

11 오, 너 아빠를 많이 닮았네.

🍙 Ồ, cậu [   ] bố nhiều.

12 링은 초콜릿을 더 좋아해.

🍙 Linh [   ] sô-cô-la [   ].

13 그만, 그만. 지금 우리 쇼핑하러 가자.

🍙 [   ]. Bây giờ chúng ta đi mua sắm nhé.

14 가끔 축구 보려고 밤늦게까지 깨어 있어.

🍙 Thỉnh thoảng tớ [   ] để xem bóng đá.

15 소미는 남자 친구 있어?

🍙 Somi có [   ]?

16 우리 사귄 지 1년 됐어.

🍙 Chúng tớ [   ] 1 năm rồi.

9. chẳng hạn như 10. quên mất 11. giống 12. thích / hơn
13. Thôi, thôi 14. thức khuya 15. bạn trai chưa 16. yêu nhau

Chương 8
일상생활

Sinh hoạt thường ngày

★ 사진으로 Việt Nam 엿보기

★ **Bước I.** 회화

Bước II. 응용 표현

배운 표현, 이렇게도 바꿔 쓴다!

Bước III. 연습 문제

베트남어 제대로 써먹는다!

걷기 좋은 거리

하노이, 호찌민시의 시내는
항상 수많은 오토바이로 혼잡합니다.
오토바이 신경 쓰지 않고
걸을 수 있는 거리를 추천해 드려요.

거북이 탑

호안끼엠 호수

응옥썬 사당

하노이 호안끼엠 호수 hồ Hoàn Kiếm 호 호안 끼엠 주변

평소에도 하노이 사람들의 휴식 공간으로 인기가 좋습니다. 복잡한 교통에서
벗어나 마음 편히 걸어 다닐 수 있습니다. 아담한 호수지만 그래도 한 바퀴
돌다 보면 시간이 훌쩍 지나요. 북쪽에는 응옥썬 사당 đền Ngọc Sơn 덴 응억 썬이,
남쪽에는 거북이 탑 tháp rùa 탑 주어이 있습니다.
금요일 저녁부터 일요일 저녁까지 호수 주변 도로의 차량을 통제하고, 다양한
행사를 열기도 합니다. 밤이 되면 호수에 반사되는 불빛이 또 다른 분위기를
자아냅니다. 호수 북쪽에 있는 하이랜드 카페는 구시가와 호안끼엠 호수를
바라보면서 커피 한잔하기에 제격이에요.

응우옌후에 거리

호찌민 **응우옌후에** Nguyễn Huệ **거리**

인민위원회 청사 앞에 있는 호찌민 동상에서부터 그 앞으로 쭉 뻗은 거리입니다.
도로를 축소하고 큰 광장을 만들면서 많은 사람들이 모이는 장소가 되었어요.
서울의 광화문 광장과 비슷합니다. 더운 낮에는 인민위원회 청사 앞에서 사진을
찍는 관광객이 대부분이지만 저녁에는 많은 사람들이 가족, 친구, 연인과 함께
거리로 나옵니다. 거리 양쪽으로 호텔, 카페, 식당들이 늘어서 있습니다.
특히 '카페 아파트먼트 chung cư 42 Nguyễn Huệ 쭝 끄 본 므어이 하이 응우이엔 후에'가
유명한데, 예전에 아파트였다가 건물 전체를 카페 및 식당으로 개조하면서
핫플레이스가 되었습니다.

응우옌후에 거리 광장에서는 다양한 행사가
개최되어, 시민들의 문화 공간 역할도 톡톡히
하고 있습니다. 2018년에는 대형 스크린을
설치하여 축구 경기를 응원하는 장소로
쓰였습니다.

카페 아파트먼트

Việc nhà
비엑 냐

P: Phương / L: Linh / M: Mẹ của Linh
매 꾸어 링

việc nhà 집안일	Sáng chủ nhật, Linh đang ngủ. 쌍 쭈 녇, 링 당 응우.
ngủ 자다	M Linh ơi, dậy đi! 링 어이, 저이 디!
dậy 일어나다	L Mẹ ơi, con buồn ngủ lắm. 매 어이, 껀 부온 응우 람.
buồn ngủ 졸리다; 졸린	M Con làm việc nhà giúp mẹ nhé. Con xuống nhà bếp và chuẩn bị bữa sáng đi. 껀 람 비엑 냐 쥽 매 녜. 껀 쑤옹 냐 벱 바 쭈언 비 브어 쌍 디.
	L Dạ. Con biết rồi ạ. 자. 껀 비엩 조이 아.
	M Sau khi ăn sáng thì con giặt quần áo nhé. 싸우 키 안 쌍 티 껀 쟏 꾸언 아오 녜.
	L Còn gì nữa không, mẹ? 껀 지 느어 콩, 매?
bẩn 더러운	M Sao phòng của con bẩn thế? 싸오 펑 꾸어 껀 번 테?
dọn dẹp 청소하다, 정리하다	L Ngày mai con sẽ dọn dẹp phòng. 응아이 마이 껀 쌔 전 잽 펑.
hay là 아니면, 혹은, 또는	M Hôm nay con phải dọn dẹp ngay. Hay là con muốn dọn nhà vệ sinh hả? 홈 나이 껀 파이 전 잽 응아이. 하이 라 껀 무온 전 냐 베 씽 하?
	L Dạ, không. Con sẽ dọn phòng của con. 자, 콩. 껀 쌔 전 펑 꾸어 껀.
trả lời điện thoại 전화를 받다	(Một lát sau, Linh trả lời điện thoại.) (몯 랃 싸우, 링 짜 러이 디엔 토아이.)
	P A-lô, Linh ơi, chúng ta đi uống cà phê nhé. 알-로, 링 어이, 쭝 따 디 우옹 까 페 녜.
nấu cơm 밥하다, 요리하다	L Tớ không đi được vì có nhiều việc phải làm. Tớ phải nấu cơm, giặt quần áo và dọn dẹp phòng. 떠 콩 디 드억 비 꺼 니에우 비엑 파이 람. 떠 파이 너우 껌, 쟏 꾸언 아오 바 전 잽 펑.

집안일

P: 프엉 / L: 링 / M: 링의 엄마

일요일 아침, 링은 자고 있다.

M 링아, 일어나!

L 엄마, 너무 졸려요.

M 집안일 좀 해 줘.
  부엌 내려가서 아침 식사 준비해.

L 네. 알았어요.

M 아침 먹고 나면 빨래하고.

L 뭐 더 있어요, 엄마?

M 네 방은 왜 이렇게 더럽니?

L 내일 방 청소할게요.

M 오늘 바로 청소해.
  아니면 화장실 청소할래?

L 아니요. 제 방 청소할게요.

(잠시 후, 링은 전화를 받았다.)

P 여보세요, 링아, 커피 마시러 가자.

L 난 할 일이 많아서 갈 수가 없어.
  밥하고, 빨래하고 방 청소해야 해.

Công ty
꽁 띠

P: Phương / M: Mạnh / S: Somi

giờ làm việc 근무시간	Sau giờ làm việc, Mạnh gặp Phương và Somi. 싸우 저 람 비엑, 마잉 갑 프엉 바 소미.
công việc 일, 업무	P Dạo này công việc của cậu thế nào? 자오 나이 꽁 비엑 꾸어 꺼우 테 나오?
căng thẳng 긴장하다; 스트레스	M Căng thẳng lắm. Tớ muốn chuyển sang công ty khác. 깡 탕 람. 떠 무온 쭈이엔 쌍 꽁 띠 칵.
	S Tại sao? 따이 싸오?
phù hợp với ~ ~와 적합하다, 부합하다 hơn nữa 게다가, 또한, 더욱 làm thêm ngoài giờ 시간 외 근무하다, 잔업하다, 야근하다 tiếp thị 마케팅	M Tớ thấy công việc không phù hợp với mình. Hơn nữa tớ thường phải làm thêm ngoài giờ. 떠 터이 꽁 비엑 콩 푸 협 버이 밍. 헌 느어 떠 트엉 파이 람 템 응오아이 저.
	P Công việc của cậu là gì? 꽁 비엑 꾸어 꺼우 라 지?
	M Tớ làm tiếp thị. 떠 람 띠엡 티.
lương 월급	P Lương cao không? 르엉 까오 콩?
	M Không, lương cũng không cao lắm. 콩, 르엉 꿍 콩 까오 람.
	S Còn Phương, cậu đang làm ở công ty du lịch phải không? 껀 프엉, 꺼우 당 람 어 꽁 띠 주 릭 파이 콩?
vất vả 고생하다; 괴로운, 힘든	P Ừ, công việc của mình cũng vất vả lắm. Nhưng tớ thích công việc này. 으, 꽁 비엑 꾸어 밍 꿍 벋 바 람. 니응 떠 틱 꽁 비엑 나이.
đồng nghiệp 동료	S Còn các đồng nghiệp thì thế nào? 껀 깍 동 응이엡 티 테 나오?
	P Họ rất thân thiện. 허 젇 턴 티엔.

198

회사

P: 프엉 / M: 마잉 / S: 소미

퇴근 후, 마잉은 프엉과 소미를 만났다.

P 요즘 일은 어때?

M 너무 스트레스야.
   다른 회사로 옮기고 싶어.

S 왜?

M 일이 나랑 안 맞는 것 같아.
   게다가 야근도 많이 해.

P 네 업무는 뭐야?

M 나 마케팅해.

P 월급은 높아?

M 아니, 월급도 안 높아.

S 프엉, 너는 여행사에서 일하고 있지?

P 응, 내 일도 엄청 힘들어.
   그렇지만 나는 이 일이 좋아.

S 동료들은 어때?

P 그들은 정말 친절해.

베트남 직장 문화

근무 시간은 보통 오전 8시~오후 5시입니다.
점심시간에는 식사 후 낮잠을 즐기는 등 휴식을 취합니다.
날씨가 더워 점심 낮잠은 자연스러운 문화입니다.
직장 내의 호칭은 대부분 '대리', '과장' 같은 직급보다는
anh 아잉(형, 오빠), chị 찌(누나, 언니), em 앰(동생)과
같이 사적이면서 친밀감이 느껴지는 호칭으로 부릅니다.

MP3. C8-B3

Sở thích
써 틱

S: Somi / L: Lâm

Somi và Lâm nói chuyện về sở thích.
소미 바 럼 너이 쭈이엔 베 써 틱.

rảnh
한가한

S Khi rảnh, cậu thường làm gì?
키 자잉, 꺼우 트엉 람 지?

nhạc
음악
đôi khi
때때로, 가끔

L Tớ thường đọc sách và nghe nhạc.
Với cả đôi khi đi mua sắm.
떠 트엉 덕 싸익 바 응애 냑. 버이 까 도이 키 디 무어 쌈.

loại
종류

S Cậu thích đọc loại sách nào?
꺼우 틱 덕 로아이 싸익 나오?

L Tớ thích tiểu thuyết.
떠 틱 띠에우 투이엗.

hiếm khi
드물게, 거의 ~하지 않다, 좀처럼
tất cả
모두, 모든 것, 전체

S Tớ thì hiếm khi đọc sách. Cậu thích loại nhạc nào?
떠 티 히엠 키 덕 싸익. 꺼우 틱 로아이 냑 나오?

L Tớ thích tất cả các loại nhạc.
떠 틱 떧 까 깍 로아이 냑.

cho nên
그래서, 그러므로, 따라서
tai nghe
이어폰

S Tớ cũng vậy. Cho nên tớ luôn luôn mang theo tai nghe để nghe nhạc.
떠 꿍 버이. 쩌 넨 떠 루온 루온 망 태오 따이 응애 데 응애 냑.

L Còn sở thích của cậu là gì?
껀 써 틱 꾸어 꺼우 라 지?

phim tình cảm
로맨스 영화, 멜로 영화
(phim hài 코미디 영화,
phim hành động
액션 영화)

S Tớ thích xem phim, nhất là phim tình cảm.
떠 틱 쌤 핌, 녇 라 핌 띵 깜.

L Ngày mai cậu muốn đi xem phim không?
응아이 마이 꺼우 무온 디 쌤 핌 콩?

S Có chứ. Có phim tình cảm mới khởi chiếu hả?
꺼 쯔. 꺼 핌 띵 깜 머이 커이 찌에우 하?

L Ừ, ở rạp Galaxy.
으, 어 잡 가 라 시.

S Thế ngày mai chúng ta gặp nhau lúc 6 giờ chiều ở đó nhé.
테 응아이 마이 쭝 따 갑 냐우 룩 싸우 저 찌에우 어 더 내.

200

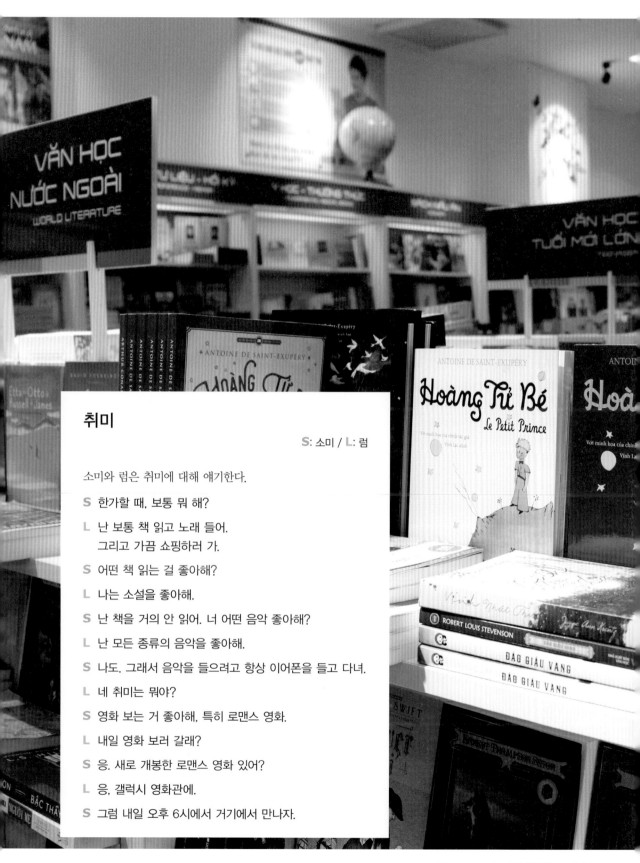

취미

S: 소미 / L: 럼

소미와 럼은 취미에 대해 얘기한다.

S 한가할 때, 보통 뭐 해?

L 난 보통 책 읽고 노래 들어.
그리고 가끔 쇼핑하러 가.

S 어떤 책 읽는 걸 좋아해?

L 나는 소설을 좋아해.

S 난 책을 거의 안 읽어. 너 어떤 음악 좋아해?

L 난 모든 종류의 음악을 좋아해.

S 나도. 그래서 음악을 들으려고 항상 이어폰을 들고 다녀.

L 네 취미는 뭐야?

S 영화 보는 거 좋아해, 특히 로맨스 영화.

L 내일 영화 보러 갈래?

S 응. 새로 개봉한 로맨스 영화 있어?

L 응, 갤럭시 영화관에.

S 그럼 내일 오후 6시에서 거기에서 만나자.

MP3. C8-B4

Tại rạp chiếu phim

따이 잡 찌에우 핌

S: Somi / L: Lâm / N: Nhân viên

년 비엔

Somi và Lâm đến rạp chiếu phim.

소미 바 럼 덴 잡 찌에우 핌.

N Chị muốn xem phim nào ạ?

찌 무온 쌤 핌 나오 아?

Cô gái đến từ hôm qua 걸 프롬 예스터데이 (The girl from yesterday, 2017, 한국 기업에서 투자, 제작한 베트남 영화)

S Chị muốn xem phim 'Cô gái đến từ hôm qua'.

찌 무온 쌤 핌 '꼬 가이 덴 뜨 홈 꾸아'.

N Chị đã đặt vé trước chưa ạ?

찌 다 닫 배 쯔억 쯔어 아?

đặt vé 표를 예매하다

S Chưa. Bây giờ chị mới mua. Cho chị 2 vé.

쯔어. 버이 저 찌 머이 무어. 쩌 찌 하이 배.

suất chiếu 상영 (회차)

N Chị muốn mua suất chiếu lúc mấy giờ ạ?

찌 무온 무어 쑤얻 찌에우 룩 머이 저 아?

S Cho chị suất 8 giờ tối.

쩌 찌 쑤얻 땀 저 또이.

N Dạ. Chị muốn ngồi chỗ nào?

자. 찌 무온 응오이 쪼 나오?

hàng 줄, 열

S Cho chị ghế số 13, 14 hàng H.

쩌 찌 게 쏘 므어이 바, 므어이 본 항 핱.

thẻ thành viên 멤버십 카드 (**thành viên** 멤버, 구성원)

N Chị có thẻ thành viên không ạ?

찌 꺼 태 타잉 비엔 콩 아?

S À, không.

아, 콩.

N Dạ. Vé của chị đây ạ.

Chị nên vào sớm trước 10 phút.

자. 배 꾸어 찌 더이 아. 찌 넨 바오 썸 쯔억 므어이 푿.

bỏng ngô 팝콘 (남부에서는 **bắp rang** 밥 랑)

L Somi ơi, tớ sẽ mua bỏng ngô.

Em ơi, cho anh một bỏng ngô lớn và hai cô-ca.

소미 어이, 떠 쌔 무어 벙 응오. 앰 어이, 쩌 아잉 몯 벙 응오 런 바 하이 꼬-까.

vị 맛

N Anh ơi, bỏng ngô có hai loại. Vị mặn và vị ngọt.

아잉 어이, 벙 응오 꺼 하이 로아이. 비 만 바 비 응얻.

L Cho anh vị ngọt.

쩌 아잉 비 응얻.

영화관에서

S: 소미 / L: 럼 / N: 직원

소미와 럼은 영화관에 갔다.

N 어떤 영화 관람하시겠어요?

S 영화 '걸 프롬 예스터데이' 보려고요.

N 예매하셨나요?

S 아니요. 지금 사려고요. 표 2장 주세요.

N 몇 시 상영으로 하시겠어요?

S 저녁 8시 영화로요.

N 네. 어느 좌석에 앉으시겠어요?

S H열 13, 14번 자리로 주세요.

N 멤버십 카드 있으신가요?

S 아, 아니요.

N 네. 손님 티켓 여기 있습니다.
10분 전에 미리 들어가세요.

L 소미야, 내가 팝콘 살게.
저기요, 팝콘 큰 거 하나랑 콜라 두 잔 주세요.

N 손님, 팝콘은 두 가지 종류가 있습니다. 짠맛과 단맛이요.

L 단맛으로 주세요.

베트남 영화관

주요 베트남 영화관으로 CGV, 롯데시네마, Galaxy Cinema, BHD Cinema 등이 있어요. 그중에서 우리나라 기업인 CGV와 롯데시네마가 높은 점유율을 보입니다. 대부분 복합 쇼핑몰에 있어, 늘 사람들로 북적입니다. 영화 티켓 가격은 요일, 시간대 등에 따라 다양한데 6~10만 동 (약 3~5천 원)입니다.

Tại tiệm cắt tóc
따이 띠엠 깓 떡

S: Somi / **P**: Phương / **T**: Thợ cắt tóc
터 깓 떡

thợ cắt tóc 미용사	Somi gặp Phương trên đường. 소미 갑 프엉 쪤 드엉.
의문사 ~ đấy? ~하는 중이야? (의문문 끝에 đấy가 오면 현재 진행형을 나타냄)	**S** Cậu đi đâu đấy? 꺼우 디 더우 더이?
cắt tóc 머리 자르다 (cắt 자르다. tóc 머리카락)	**P** Tớ đi cắt tóc. 떠 디 깓 떡.
	S Thế à? Cậu muốn cắt kiểu gì? 테 아? 꺼우 무온 깓 끼에우 지?
ngắn 짧은	**P** Tớ muốn cắt ngắn. 떠 무온 깓 응안.
để tóc dài 머리를 길게 기르다	**S** Ồ, cậu không để tóc dài nữa hả? 오, 꺼우 콩 데 떡 자이 느어 하?
tóc dài 긴 머리	**P** Ừ. Tớ thấy chán tóc dài rồi. Cậu thấy tóc ngắn hợp với tớ không? 으. 떠 터이 짠 떡 자이 조이. 꺼우 터이 떡 응안 헙 버이 떠 콩?
trẻ 젊은. 어린	**S** Ừ. Chắc là trông sẽ trẻ hơn. 으. 짝 라 쫑 쌔 째 헌.
	(Phương đến tiệm cắt tóc.) (프엉 덴 띠엠 깓 떡.)
	T Chào em. Em muốn làm gì? Cắt, nhuộm, duỗi hay uốn? 짜오 앰. 앰 무온 람 지? 깓, 뉴옴, 주오이 하이 우온?
nhuộm 염색하다 duỗi 늘이다, 뻗다 (duỗi tóc 머리를 (곧게) 펴다) uốn 구부리다 (uốc tóc 파마하다) màu nâu 갈색	**P** Dạ, anh ơi, em muốn cắt và nhuộm. 자, 아잉 어이, 앰 무온 깓 바 뉴옴.
	T Em muốn nhuộm màu gì? 앰 무온 뉴옴 마우 지?
	P Màu nâu, anh ạ. 마우 너우, 아잉 아.

미용실에서

S: 소미 / **P**: 프엉 / **T**: 미용사

소미는 길에서 프엉을 만났다.

S 어디 가? (어디 가는 중이야?)

P 머리 자르러 가.

S 그래? 어떤 스타일로 자르고 싶은데?

P 짧게 자르고 싶어.

S 오, 더 이상 머리 길게 안 길러?

P 응. 긴 머리 지겨워.
　　나한테 짧은 머리 어울릴 거 같아?

S 응. 더 어려 보일 것 같아.

(프엉은 미용실에 갔다.)

T 안녕하세요.
　　뭐 하고 싶어요?
　　커트, 염색, 매직 아니면 파마?

P 네, 저기요, 저 커트랑 염색하고 싶어요.

T 어떤 색으로 염색하고 싶어요?

P 갈색이요.

Bài 6

Tại hiệu thuốc
따이 히에우 투옥

H: Hùng / S: Somi / D: Dược sĩ
즈억 씨

Hôm nay trông Somi có vẻ mệt mỏi.
홈 나이 종 소미 꺼 배 멛 머이.

H   Cậu có sao không?
    꺼우 꺼 싸오 콩?

bị cảm
감기 걸리다

S   Tớ bị cảm.
    떠 비 깜.

H   Trời ơi, sao cậu không nghỉ ở nhà?
    Cậu mua thuốc chưa?
    쩌이 어이. 싸오 꺼우 콩 응이 어 냐? 꺼우 무어 투옥 쯔어?

thuốc
약

S   Chưa.
    쯔어.

hiệu thuốc
약국

H   Cậu đi hiệu thuốc ngay đi.
    꺼우 디 히에우 투옥 응아이 디.

(Somi đến một hiệu thuốc.)
(소미 덴 몯 히에우 투옥.)

bị làm sao?
무슨 일이세요?
(상황이 안 좋아 보이거나
걱정스러울 때 쓰는
의문문)

D   Chị bị làm sao ạ?
    찌 비 람 싸오 아?

S   Tôi bị cảm.
    또이 비 깜.

trong người
몸(건강) 상태
sổ mũi
콧물이 나다
họng
목구멍
sốt
열나다
bị ốm
병이 나다, 아프다

D   Chị thấy trong người như thế nào?
    찌 터이 쩡 응어이 니으 테 나오?

S   Tôi bị sổ mũi, đau họng và hơi sốt.
    또이 비 쏘 무이, 다우 헝 바 허이 쏟.

D   Chị bị ốm từ bao giờ?
    찌 비 옴 뜨 바오 저?

S   Tôi bị ốm từ tối hôm qua.
    또이 비 옴 뜨 또이 홈 꾸아.

thuốc cảm
감기약
uống
마시다
('약을 먹는다'는
동사 **uống**을 사용함)

D   Thuốc cảm của chị đây ạ.
    Chị uống thuốc này 1 ngày 3 lần sau bữa ăn nhé.
    투옥 깜 꾸어 찌 더이 아. 찌 우옹 투옥 나이 몯 응아이 바 런 싸우 브어 안 녜.

S   Tôi hiểu rồi. Cảm ơn anh.
    또이 히에우 조이. 깜 언 아잉.

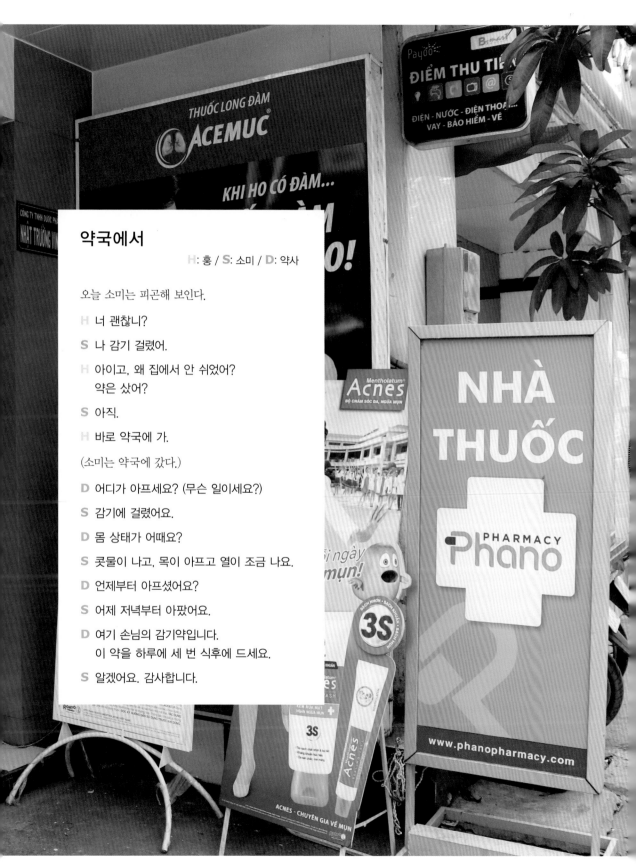

약국에서

H: 훙 / S: 소미 / D: 약사

오늘 소미는 피곤해 보인다.

H 너 괜찮니?

S 나 감기 걸렸어.

H 아이고, 왜 집에서 안 쉬었어?
   약은 샀어?

S 아직.

H 바로 약국에 가.

(소미는 약국에 갔다.)

D 어디가 아프세요? (무슨 일이세요?)

S 감기에 걸렸어요.

D 몸 상태가 어때요?

S 콧물이 나고, 목이 아프고 열이 조금 나요.

D 언제부터 아프셨어요?

S 어제 저녁부터 아팠어요.

D 여기 손님의 감기약입니다.
   이 약을 하루에 세 번 식후에 드세요.

S 알겠어요. 감사합니다.

Bài 7

Mạng xã hội
망 싸 호이

T: Thiên / S: Somi / H: Huyền

mạng xã hội 소셜 네트워크, SNS	Ba người đang uống sinh tố. 바 응으어이 당 우옹 씽 또.
hết pin 배터리가 나가다 (**hết** 떨어지다, 다하다, **pin** 배터리) **cứ** 계속하다 **nhìn vào** 들여다보다	T Ôi trời, hết pin rồi. 오이 쩌이, 헫 삔 조이.
	S Cậu làm gì mà cứ nhìn vào điện thoại thế hả? 꺼우 람 지 마 끄 닌 바오 디엔 토아이 테 하?
	T Tớ đang xem facebook. Cậu có sử dụng facebook không? 떠 당 쌤 페이 북. 꺼우 꺼 쓰 중 페이 북 콩?
	S Có. Nhưng tớ không chơi nhiều. 꺼. 니응 떠 콩 쩌이 니에우.
tài khoản 계정, 계좌	T Tài khoản của cậu là gì? 따이 코안 꾸어 꺼우 라 지?
	S Cậu tìm tên của tớ đi. 꺼우 띰 뗀 꾸어 떠 디.
kết bạn 친구를 맺다	T A, tớ thấy rồi. Tớ vừa gửi lời kết bạn. 아, 떠 터이 조이. 떠 브어 그이 러이 껟 반.
nghiện 중독되다	H Thiên rất nghiện facebook. 티엔 젇 응이엔 페이 북.
	S Nghiện hả? 응이엔 하?
chia sẻ 나누다, 공유하다 **bình luận** 코멘트; 논하다, 평론하다 **đồng ý** 동의하다	H Ừ. Thiên luôn luôn chia sẻ hình ảnh và viết bình luận. 으. 티엔 루온 루온 찌어 쌔 힝 아잉 바 비엗 빙 루언.
	T Somi ơi, đồng ý kết bạn đi. 소미 어이, 동 이 껟 반 디.
	H Thiên ơi, đừng xem facebook nữa. 티엔 어이, 등 쌤 페이 북 느어.
	T Ồ, ai đó đã bình luận ảnh của tớ. 오, 아이 더 다 빙 루언 아잉 꾸어 떠.
đúng là 과연, 역시, 정말	S Trời ơi, đúng là nghiện. 쩌이 어이, 둥 라 응이엔.

SNS

T: 티엔 / S: 소미 / H: 후이엔

세 사람은 스무디를 마시고 있다.

T 아 이런. 배터리가 다 됐네.

S 너 뭐 하는데 그렇게 계속 휴대폰만 들여다보니?

T 페이스북 보고 있어.
　너 페이스북해?

S 응. 그런데 많이 하진 않아.

T 네 계정은 뭐야?

S 내 이름 찾아 봐.

T 아, 찾았어.
　방금 친구 요청 보냈어.

H 티엔은 페이스북에 완전히 중독됐어.

S 중독이라고?

H 응. 티엔은 항상 사진을 공유하고 댓글을 써.

T 소미야, 친구 요청 수락해 줘.

H 티엔아, 페이스북 그만 봐.

T 오, 누가 내 사진에 댓글을 달았어.

S 아이고, 정말 중독이네.

베트남에서 많이 쓰는 메신저

베트남에서 가장 많이 쓰이는 메신저는 Zalo 잘로입니다. 그 외에
Viber 바이버, 페이스북 메신저를 많이 씁니다. 잘로는 다른
메신저처럼 단체 채팅방, 게시물 기능이 있습니다. 특이한 점은
GPS로 주변에 있는 사람을 검색해 채팅할 수 있다는 점입니다.

Bài 8

Giao hàng
자오 항

P: Phương / S: Somi / H: Huyền / M: Mạnh / T: Thủy / L: Lâm / N: Nhân viên
년 비엔

trở về
되돌아가다
vì vậy
그러므로, 그렇기 때문에
bữa tiệc
잔치, 파티

Ngày mai Somi trở về Hàn Quốc. Vì vậy, các bạn chuẩn bị một bữa tiệc. Phương đang đặt món ăn.
응아이 마이 소미 쩌 베 한 꾸옥. 비 버이, 깍 반 쭈언 비 몯 브어 띠엑. 프엉 당 닫 먼 안.

N A-lô, Pizza ABC xin nghe.
알-로, 삐 자 아 베 쎄 씬 응애.

P Em ơi, cho chị một pizza lớn và một con gà rán.
앰 어이, 쩌 찌 몯 삐 자 런 바 몯 껀 가 잔.

N Còn đồ uống thì sao ạ?
껀 도 우옹 티 싸오 아?

P Cho chị 6 cô-ca.
쩌 찌 싸우 꼬-까.

N Dạ. Địa chỉ ở đâu ạ?
자. 디어 찌 어 더우 아?

* 베트남 주소는
작은 단위에서 큰 단위로
말합니다.
rõ
명확한

P Số 19, đường Nguyễn Thị Minh Khai, quận 1.
쏘 므어이 찐, 드엉 응우이엔 티 밍 카이, 꾸언 몯.

N Em không nghe rõ.
   Chị nói lại một lần nữa được không ạ?
앰 콩 응애 저. 찌 너이 라이 몯 런 느어 드억 콩 아?

P Số 19, đường Nguyễn Thị Minh Khai, quận 1.
쏘 므어이 찐, 드엉 응우이엔 티 밍 카이, 꾸언 몯.

N Dạ. Em biết rồi.
자. 앰 비엗 조이.

giao hàng
배달하다; 배달

P Giao hàng mất bao lâu, em?
자오 항 멀 바오 러우, 앰?

N Khoảng 40 phút, chị ạ.
코앙 본 므어이 푿, 찌 아.

(Somi đến nhà của Phương.)
(소미 덴 냐 꾸어 프엉.)

S Ồ, có gì vui thế?
오, 꺼 지 부이 테?

tiệc chia tay
송별회

H Chúng tớ chuẩn bị tiệc chia tay cho cậu.
쭝 떠 쭈언 비 띠엑 찌어 따이 쩌 꺼우.

quà 선물	M	Somi ơi, đây là quà tớ đã chuẩn bị cho cậu. 소미 어이, 더이 라 꾸아 떠 다 쭈언 비 쩌 꺼우.
trôi 흐르다, 지나다	L	Thời gian trôi nhanh quá. 터이 잔 쪼이 냐잉 꾸아.
	T	Tiếc thật. 띠엑 텃.
cảm động 감동하다	S	Cảm ơn các cậu nhiều. Tớ cảm động lắm. 깜 언 깍 꺼우 니에우. 떠 깜 동 람.

배달

P: 프엉 / S: 소미 / H: 후이엔 / M: 마잉 / T: 투이 / L: 럼 / N: 직원

내일 소미는 한국으로 돌아간다. 그래서, 친구들은 파티를 준비한다. 프엉은 음식을 주문 중이다.

N 여보세요, ABC 피자입니다.

저기요, 피자 큰 거 하나랑 치킨 한 마리 주세요.

N 음료는요?

콜라 6개 주세요.

N 네. 주소가 어디예요?

P 1군, 응우옌 티 밍 카이 길, 19번지요.

N 제대로 못 들었어요.
다시 한번 말씀해 주시겠어요?

P 1군, 응우옌 티 밍 카이 길, 19번지요.

N 네. 알겠습니다.

P 배달 얼마나 걸려요?

N 40분 정도요, 손님.

(소미는 프엉의 집에 왔다.)

S 오, 뭐가 이렇게 신나?

H 우리가 널 위해 송별회를 준비했어.

M 소미야, 이건 내가 널 위해 준비한 선물이야.

L 시간이 정말 빨리 간다.

T 너무 아쉬워.

S 얘들아 정말 고마워. 너무 감동이야.

베트남에서 많이 쓰는 배달 앱

베트남에서 유명한 배달 앱은 Foody 푸디입니다. 이 앱으로 지역별 맛집을 찾아 음식이나 음료를 배달시킬 수 있어요. 영업시간, 메뉴, 가격, 리뷰, 할인 정보 등을 보여 줍니다. 배달료는 보통 별도이며 가게별, 거리별로 다릅니다.

배운 표현, 이렇게도 바꿔 쓴다!

\# 퇴근 후, 마잉은 프엉과 소미를 만났다.

Sau giờ làm việc, Mạnh gặp Phương và Somi.
싸우 저 람 비엑, 마잉 갑 프엉 바 소미.

Sau khi làm việc xong, Mạnh gặp Phương và Somi.
싸우 키 람 비엑 썽, 마잉 갑 프엉 바 소미.

\# 다른 회사로 옮기고 싶어.

Tớ muốn chuyển sang công ty khác.
떠 무온 쭈이엔 쌍 꽁 띠 칵.

Tớ muốn chuyển việc.
떠 무온 쭈이엔 비엑.

\# 어떤 스타일로 자르고 싶은데?

Cậu muốn cắt kiểu gì?
꺼우 무온 깥 끼에우 지?

Cậu muốn kiểu tóc như thế nào?
꺼우 무온 끼에우 떡 니으 테 나오?

\# 너 괜찮니?

Cậu có sao không?
꺼우 꺼 싸오 콩?

Cậu bị làm sao?
꺼우 비 람 싸오?

오, 누가 내 사진에 댓글을 달았어.

Ồ, ai đó đã bình luận ảnh của tớ.

오, 아이 더 다 빙 루언 아잉 꾸어 떠.

Ồ, người nào đó đã bình luận ảnh của tớ.

오, 응으어이 나오 더 다 빙 루언 아잉 꾸어 떠.

친구들은 파티를 준비한다.

Các bạn chuẩn bị một bữa tiệc.

깍 반 쭈언 비 몯 브어 띠엑.

Các bạn tổ chức một bữa tiệc.

깍 반 또 쯕 몯 브어 띠엑.

영화 보는 거 좋아해, 특히 로맨스 영화.

Tớ thích xem phim, nhất là phim tình cảm.

떠 틱 쌤 핌, 녇 라 핌 띵 깜.

Tớ thích xem phim, đặc biệt là phim tình cảm.

떠 틱 쌤 핌, 닥 비엩 라 핌 띵 깜.

너 페이스북해?

Cậu có sử dụng facebook không?

꺼우 꺼 쓰 중 페이 북 콩?

Cậu có xài facebook không?

꺼우 꺼 싸이 페이 북 콩?

베트남어 제대로 써먹는다!

1 내일 방 청소할게요.

 Ngày mai con sẽ   phòng.

2 머리 자르러 가.

 Tớ đi   .

3 어디가 아프세요? (무슨 일이세요?)

 Chị   ?

4 몸 상태가 어때요?

 Chị thấy   như thế nào?

5 게다가 야근도 많이 해.

          tớ thường phải làm thêm ngoài giờ.

6 배달 얼마나 걸려요?

          mất bao lâu, em?

7 이 약을 하루에 세 번 식후에 드세요.

 Chị   thuốc này 1 ngày 3 lần sau bữa ăn nhé.

8 다시 한번 말씀해 주시겠어요?

 Chị   được không ạ?

답안 >>
1. dọn dẹp 2. cắt tóc 3. bị làm sao 4. trong người
5. Hơn nữa 6. Giao hàng 7. uống 8. nói lại một lần nữa

9 시간이 정말 빨리 간다.

🗨 Thời gian ▢▢▢▢▢▢▢ quá.

10 네 계정은 뭐야?

🗨 ▢▢▢▢▢▢ của cậu là gì?

11 오, 더 이상 머리 길게 안 길러?

🗨 Ồ, cậu không ▢▢▢▢▢▢ nữa hả?

12 영화 보는 거 좋아해, 특히 로맨스 영화.

🗨 Tớ thích ▢▢▢▢▢, nhất là phim tình cảm.

13 한가할 때, 보통 뭐 해?

🗨 ▢▢▢▢▢, cậu thường làm gì?

14 언제부터 아프셨어요?

🗨 Chị bị ốm ▢▢▢▢▢▢ ?

15 내일 소미는 한국으로 돌아간다.

🗨 Ngày mai Somi ▢▢▢▢▢▢▢ .

16 주소가 어디예요?

🗨 ▢▢▢▢▢ ở đâu ạ?

9. trôi nhanh 10. Tài khoản 11. để tóc dài 12. xem phim
13. Khi rảnh 14. từ bao giờ 15. trở về Hàn Quốc 16. Địa chỉ

하노이 탕롱성채

호찌민